AU PAYS DE BOUDDHA

In-8° 3ᵐᵉ série *B*.

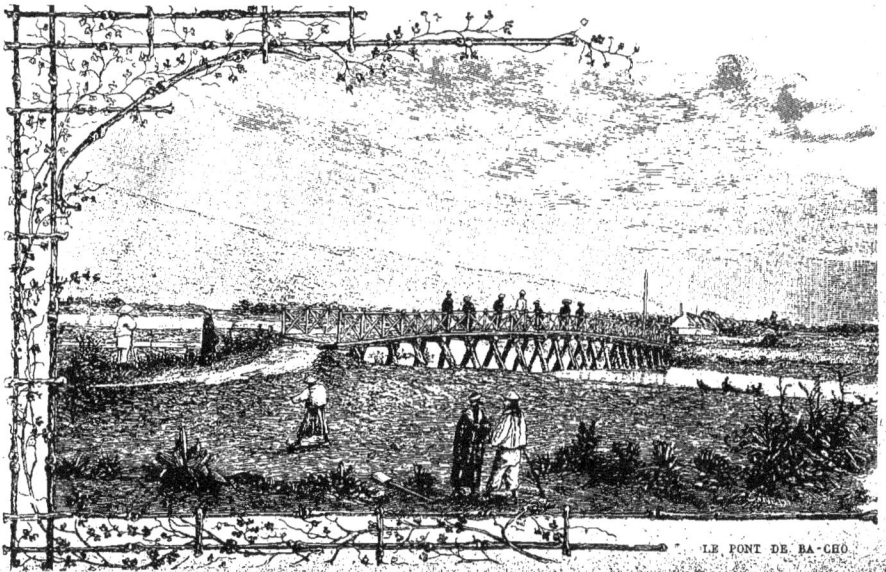

LE PONT DE BA-CHÔ.

AU PAYS
DE BOUDDHA

Par un ancien Missionnaire.

Mgr LAOUÉNAN. — Mgr BIGANDET.
Le P. DE LA BRUNIÈRE. — Le P. CHARLES RENOU.
Les PP. KRICK et BOURRY. — Le P. COSTE.

Ouvrage orné de gravures.

PARIS

rue des Saints-Pères, 30

J. LEFORT, IMPRIMEUR, ÉDITEUR

A. TAFFIN-LEFORT, Successeur

rue Charles de Muyssart, 24

LILLE

1897

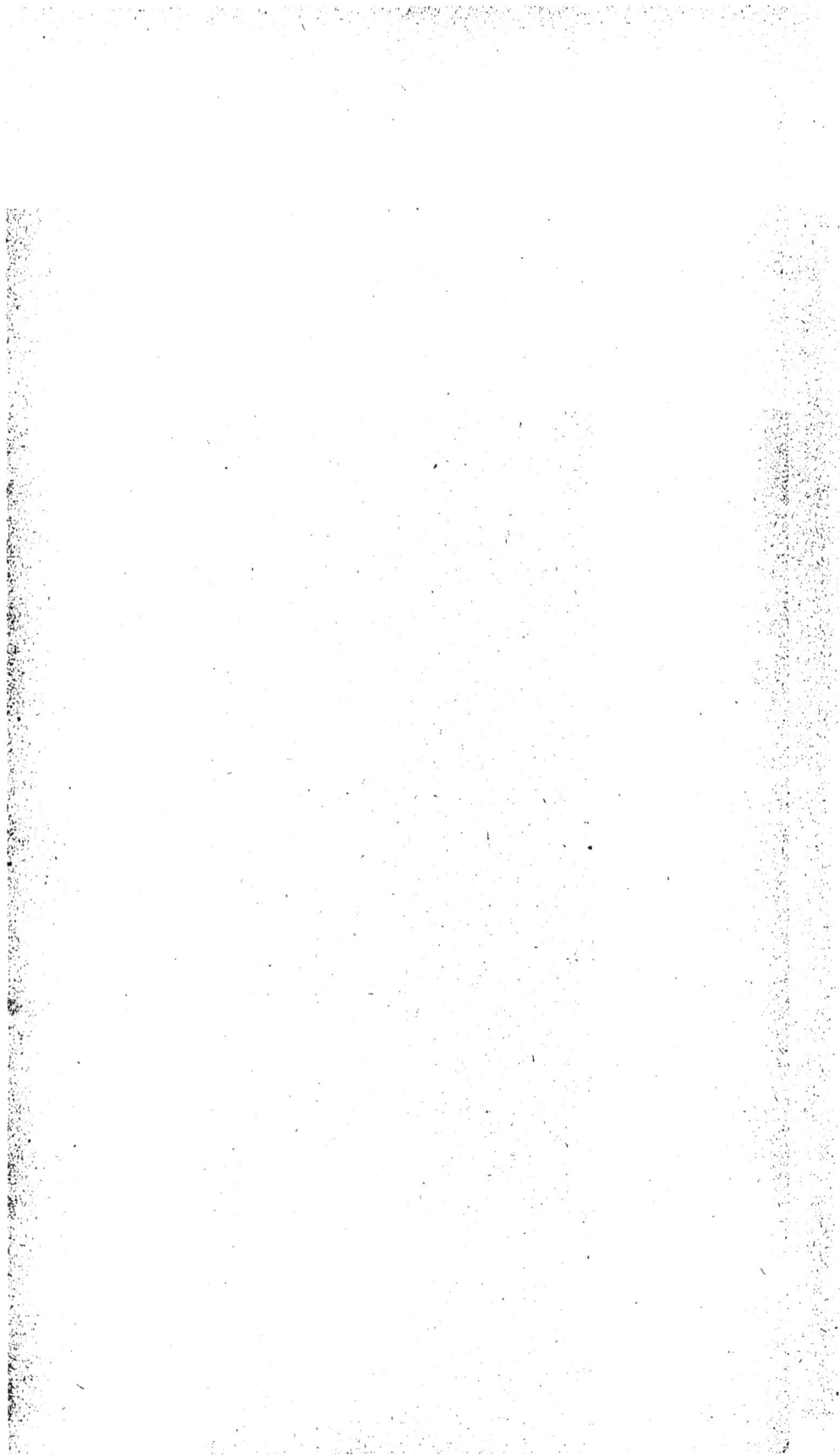

AU PAYS
DE BOUDDHA

~~~~~~

Mgr LAOUËNAN

ARCHEVÊQUE DE PONDICHÉRY

———

Mgr François-Jean-Marie Laouënan naquit à Lannion le 19 novembre 1822. Sa famille jouissait d'une certaine aisance et occupait un rang honorable dans sa ville natale. Mais elle se distinguait surtout par sa foi ardente, par ses mœurs patriarcales et par ses sentiments profondément chrétiens.

Dès le berceau, au foyer paternel et spécialement à l'école de sa mère, femme d'un caractère élevé, d'une piété éclairée, d'une intelligence au-dessus de sa condition, type accompli de la femme forte de l'Écriture, l'enfant trouva ces leçons et ces exemples de vertu qui laissèrent dans son cœur une empreinte indélébile et exercèrent une influence prépondérante sur sa vocation future. En même temps, l'on pouvait déjà discerner en lui, à mesure que son intelligence s'éveillait, un esprit vif, ouvert, pénétrant, et ce jugement d'une rectitude et d'une sûreté inflexible qui fut plus tard comme la note caractéristique de sa personnalité (1).

Les premiers éléments des lettres humaines lui furent enseignés par les Frères de Lannion. Les tendances de bon augure qu'il révélait déjà, un amour ardent pour l'étude, une facilité surprenante, une maturité précoce, déterminèrent sa famille à favoriser le développement de ces heureuses dispositions et à le confier à un établissement où l'instruction et la piété marchaient de pair et se prêtaient un mutuel appui. A l'âge de douze ans, le jeune Laouënan entra en huitième au Petit Séminaire de Plouguernével; et sa supériorité sur ses condisciples fut bientôt si grande qu'on dut le faire monter à une classe plus élevée.

Après trois ans de séjour dans cette maison, il entra en quatrième à Tréguier, pour y continuer ses études et y achever ses humanités. Ses succès furent non moins brillants qu'à Plouguernével. Mais à mesure qu'il approchait du terme de ses classes, sa vocation de missionnaire se dessinait davantage.

On raconte que pendant l'hiver si rigoureux de 1840, il se revêtait des tissus les plus légers, voulant s'habituer d'avance aux intempéries des climats extrêmes et faisant déjà l'apprentissage

(1) M. Dubourg, vicaire général de Saint-Brieuc.

de la rude vie des missions. Ses aspirations étaient si ardentes, et l'appel de Dieu lui paraissait si évident qu'il ne passa qu'une année au Grand Séminaire de Saint-Brieuc, et en 1843, il entra au Séminaire des Missions Étrangères, où il resta trois ans. Il partit pour les Indes le 1er août 1846.

Depuis la conquête anglaise, la situation morale et religieuse de l'Inde s'était améliorée sur quelques points de détail, mais dans ces grandes lignes elle n'avait pas changé. Les veuves de Bénarès ne montaient plus sur le bûcher de leur époux, le char qui promenait l'idole de Djaggernat n'écrasait plus sous ses roues de fanatiques victimes, des caravanes entières ne tombaient plus sous le couteau des Sicks; mais le peuple indien restait courbé sous le joug de ses prêtres fourbes et orgueilleux; il observait avec un soin jaloux les mille prescriptions du code brahmanique, il continuait d'adorer ses mille divinités, de chercher l'absolution de ses fautes dans les eaux de l'Indus ou du Gange, et l'on disait que de sombres horreurs s'accomplissaient encore dans les temples souterrains d'Ellore et de Mahabalipouram.

Le catholicisme tentait par tous les moyens d'ébranler les antiques forteresses du brahmanisme et du bouddhisme. Grégoire XVI venait de faire un remaniement général des missions de l'Inde.

Le Vicariat de Pondichéry, où était envoyé M. Laouënan, avait été réduit par la création de deux missions particulières : Le Maïssour et le Coïmbatour, détachées de son territoire. Il possédait alors 21 missionnaires, 4 prêtres indigènes, 92.000 chrétiens, 40 églises, 200 chapelles, 30 écoles, 2 hôpitaux, 1 imprimerie, 1 séminaire, 1 collège.

Le chef de la mission, un homme au cœur vaillant, à l'esprit large, hardi et sûr, était Mgr Bonnand.

Lorsque M. Laouënan arriva à Pondichéry, le gouvernement français venait de confier le collège colonial aux missionnaires. Le nouveau venu y fut placé comme censeur; cinq ans plus tard, il était nommé principal. Son intelligence, son amour de la discipline, la dignité de son caractère furent bientôt universellement reconnus et justement appréciés, par les familles de la colonie et sous son administration le collège acquit l'entier développement, si brillamment commencé sous la direction de M. Fage.

Après plusieurs années de ce labeur, il demanda et obtint d'être employé directement au ministère apostolique, il fut placé à la tête du district de Combaconam.

Le champ à défricher était vaste, le travail difficile : les chrétiens étaient dispersés loin du prêtre, tentés par les Goanais schismatiques et harcelés par les protestants; aveuglés par leurs préjugés, les païens montraient beaucoup d'indifférence. L'activité de l'apôtre sut vaincre ces obstacles; il visita les chrétiens, prêcha les païens, fonda des écoles, bâtit des églises, dirigeant tout avec cette volonté énergique, cette habiteté pratique, ce tact exquis dont il avait déjà donné tant de preuves.

En 1859, à la suite des difficultés que fit surgir le concordat conclu en 1857, entre Rome et le Portugal, Pie IX ordonna à Mgr Bonnand de faire la visite de tous les Vicariats apostoliques de l'Inde ; le mandat était honorable, mais difficile. Le prélat choisit deux missonnaires pour l'accompagner. M. Laouënan fut l'un des deux. Ensemble ils parcoururent le Coïmbatour, le Maduré, l'île de Ceylan, la côte de Malabar, le Maïssour, Bombay, Hyderabad.

Pendant ce voyage, M. Laouënan écrivit des lettres fort intéressantes, qui n'ont pas toutes été publiées ; nous en voulons détacher quelques fragments, d'abord à cause de l'intérêt qu'elles présentent en elles-mêmes et ensuite parce qu'elles nous montreront l'esprit net et précis du missonnaire.

Les Juifs attirent son attention et voici ce qu'il en dit :

*
* *

Une race qu'on est assez étonné de rencontrer sur la côte de l'Inde est la race juive.

Elle se divise en deux branches bien distinctes : les Juifs noirs et les Juifs blancs. Les Juifs noirs, dont le teint est réellement d'un brun prononcé, sont venus dans le pays, à ce qu'il paraît, à une époque très reculée, qu'ils ne peuvent pas préciser eux-mêmes.

J'ai lu quelque part, qu'on trouva chez eux une copie du Pentateuque écrite sur un rouleau de peau, et qu'ils ne connaissent pas d'autres livres canoniques.

Cette circonstance donne lieu de conjecturer que la colonie de Juifs noirs est composée de descendants des Samaritains, venus dans l'Inde après la destruction de Samarie et la fin du royaume d'Israël.

Si cette conjecture était fondée, il me semble qu'on pourrait aussi y trouver l'explication du changement de leur teint : les Samaritains, beaucoup moins scrupuleux et moins exclusifs que les Juifs proprement dits, et n'ayant pas de femmes de leur nation, durent s'allier, au moins dans l'origine, avec les femmes du pays qui ont transmis à leurs enfants leur couleur brune.

Les Juifs blancs, chassés de la Judée à la dernière destruction de Jérusalem par Titus, après avoir erré pendant longtemps en diverses contrées, abordèrent enfin sur la côte malabare.

D'après leurs récits, un roi du pays leur accorda, vers l'an 490 de notre ère, un établissement à Cranganor, où d'autres fugitifs de leur nation vinrent les rejoindre. Ils restèrent paisibles possesseurs de cette ville pendant un millier d'années environ, honorés et respectés de tous.

Le célèbre Céram-Péroumal leur accorda aussi plusieurs privilèges.

Mais enfin, la division s'étant mise entre eux, un roi voisin en profita pour s'emparer de Cranganor, détruisit leurs maisons, leurs palais, leurs temples et leurs forteresses, tua une partie des habitants, en réduisit une autre en captivité et dispersa le reste. Cette branche ayant formé, depuis son origine, une population complète et ne s'étant point mêlée par des alliances aux races indigènes, est restée blanche.

Comme dans tout le reste de la Péninsule, les musulmans forment une partie considérable de la population de la côte malabare ; ils sont particulièrement nombreux à Cannanore et dans les environs de Calicut.

Selon quelques traditions, ils s'établirent dans ce pays vers le milieu du septième siècle, c'est-à-dire peu d'années après la naissance du mahométisme.

Mais d'après un autre rapport, ce ne serait que deux siècles après que ce culte se serait introduit dans l'Inde.

Je pense que l'une et l'autre tradition peuvent se concilier, en disant que les Arabes, qui depuis les temps les plus reculés faisaient le commerce maritime de l'Inde, comme le font encore aujourd'hui en très grande partie les musulmans, s'établirent définitivement dans le pays vers l'époque indiquée par la première tradition, et que dans le temps assigné par la seconde, ils firent de nombreux prosélytes. Quoi qu'il en soit, les musulmans indigènes portent sur cette côte le nom de Mâpilleys.

D'après ce qui m'a été raconté et que j'ai rapporté plus haut, ce titre, qui d'abord était parti-

culier à une famille puissante de musulmans éta-
blie à Cannanore, fut étendu aux indigènes qui
embrassaient le mahométisme.

Ces mâpilleys musulmans sont renommés par
leur fanatisme. En 1849, une troupe de soixante-
quatre mâpilleys commit plusieurs meurtres, et
s'étant retranchée dans une pagode, mit en défi
la police locale. On dut appeler pour la réduire
une compagnie de soldats européens. A son approche, les mâpilleys l'attaquèrent avec résolution, se battirent en désespérés sans demander
grâce ni quartier, furent tous tués sur place, à
l'exception d'un jeune homme de seize ans qui
ne fut que blessé. Interrogé sur le motif de ce
fanatisme barbare, il répondit qu'ils avaient reçu
de leur prêtre l'assurance, que tous ceux qui
mourraient les armes à la main, en combattant
contre les infidèles, seraient immédiatement
transportés dans le paradis.

***

Prenons maintenant un sujet tout différent et
suivons le voyageur dans son pèlerinage à l'endroit où la tradition place le tombeau de l'apôtre
saint Thomas.

Laissez-moi vous raconter les traditions qui
concernent la venue de saint Thomas dans le
Malabar et l'origine de ce pèlerinage.

Que saint Thomas ait prêché la foi dans l'Inde;
qu'il y ait établi la religion chrétienne et fondé
plusieurs églises; qu'il y ait été martyrisé; ce

sont des faits hors de doute pour quiconque a étudié avec quelque attention les traditions qui existent à ce sujet depuis les premiers siècles de l'Église, et principalement celles qui sont accréditées dans l'Inde.

Il me serait facile, si je voulais me donner auprès de vous le vernis d'un érudit, d'accumuler ici les preuves de ces faits.

Mais ce vous serait une excursion plus fastidieuse et plus pénible que ne l'est peut-être l'ascension du mont de la Croix ; et je me contente de mentionner la preuve qui résume à elle seule toutes les autres, à savoir : l'existence dans l'Inde, depuis les premiers temps du christianisme, d'une église chrétienne, composée de fidèles et de pasteurs ; elle s'est perpétuée jusqu'à nos jours à peu près sans changement, et sans qu'on puisse raisonnablement lui assigner une origine différente de celle qu'elle s'attribue elle-même.

Néanmoins, si le fait de la venue de saint Thomas dans l'Inde, de ses prédications et de son martyre, porte tous les caractères de la certitude, il n'en est pas ainsi des détails et des traditions qui ont cours à ce sujet, excepté sur sa mort et sa sépulture.

Comme ces deux derniers événements se sont accomplis ailleurs, je me dispenserai de vous en entretenir et me contenterai de vous raconter les traditions qui regardent son arrivée sur la côte malabare, ses prédications et l'apparition de la croix merveilleuse que nous avons visitée, sans cependant vous en garantir l'entière authenticité.

L'apôtre aborda dans la ville de Cranganore, située près de l'embouchure d'une des nombreuses rivières qui arrosent la côte malabare. Quand il y arriva, le roi de cette ville célébrait le mariage de son fils et héritier; tout le pays était en liesse, et le peuple entier, convié à se réjouir, était assemblé devant le palais du prince pour assister aux jeux.

Conduit par la foule, saint Thomas se rendit au palais. Son air grave et digne l'ayant fait distinguer, on lui donna une place honorable de laquelle il pouvait facilement voir et entendre tout ce qui se passait.

Dans ce moment même, on faisait paraître tour à tour devant l'assemblée, des chœurs de jeunes filles, appartenant aux classes et nations diverses du royaume, et chantant dans leurs langues propres les louanges du roi et des jeunes époux. Un de ces chœurs était composé de jeunes filles juives, dont les ancêtres, chassés de Judée après la destruction du royaume d'Israël ou de Juda, étaient venus se réfugier dans l'Inde. Une d'entre elles se mit à chanter en langue hébraïque les louanges du vrai Dieu, l'inanité des idoles, la folie de ceux qui les adorent.

Stupéfait d'entendre en ces lieux éloignés les accents de sa langue maternelle et les louanges du seul Dieu vivant, le saint apôtre tenait les yeux fixés sur la jeune fille, absorbé par son étonnement et son admiration. Mais l'un des assistants, attribuant la fixité de son regard à un motif différend, lui donna un soufflet en lui reprochant de regarder cette jeune fille avec une attention peu honnête. Le saint, sans être ému, lui expliqua la cause de son attention :

— Mon Dieu, ajouta-t-il, ne laissera pas impunie l'injure que je viens de recevoir, et cette main qui m'a frappé sera coupée et arrachée par un chien avant que vous ne soyez sorti de l'assemblée.

L'effet suivit de près la prédiction : un moment après, un chien coupa et arracha la main du coupable. Mais le saint pour montrer qu'il n'avait aucun ressentiment, ayant pris cette main et l'ayant rajustée au bras mutilé, y fit le signe de la croix et le membre se trouva guéri.

Frappés de ce prodige, le roi, les princes et tout le peuple se pressèrent autour de l'étranger, demandant qui il était et ce qu'il était venu faire. L'apôtre ne manqua pas l'occasion d'annoncer la religion de Jésus-Christ, et, Dieu bénissant ses paroles, il convertit et baptisa sur le lieu même le roi, ses enfants, et une grande foule de peuple. Le fils du roi ayant reçu le diaconat renonça au mariage, et sa jeune épouse se consacra à Dieu.

*
* *

Saint Thomas parcourut ensuite le pays, et par ses miracles et par ses prédications il convertit à la foi un peuple immense, fonda plusieurs églises, et ordonna partout des prêtres et des diacres. Ces églises, instituées par l'apôtre lui-même et qui subsistent encore aujourd'hui, tirent un grand

honneur de cette origine, et sont regardées comme
les mères de toutes les autres. Celle de Maleyattour est une d'entre elles, et elle fait remonter sa
fondation à l'an 52 de Jésus-Christ.

Pendant que le saint y était, il avait coutume
de monter souvent sur la montagne voisine pour
s'y livrer à l'oraison, dans le silence de la solitude. Avant de quitter ce lieu pour aller porter
ailleurs la bonne nouvelle, il la gravit encore une
fois. On raconte que ce fut pendant cette dernière oraison que surgit du rocher même, surplombant la montagne, la croix qui est l'objet du
pèlerinage actuel.

Peu après le départ du saint apôtre, les habitants de la forêt, passant en cet endroit, aperçurent un objet brillant comme l'or, qui reluisait
au soleil. S'en étant approchés et croyant que
c'était réellement de l'or, ils le frappèrent à coups
de serpette. Mais il en coula du sang, et ce sang
en tombant sur le rocher le mit en ébullition.

Effrayés de ce prodige, ils descendirent de la
montagne en toute hâte, et racontèrent ce qu'ils
avaient vu aux chrétiens de Maleyattour. Ceux-ci,
avec leurs prêtres et leurs diacres, constatèrent
le fait, reconnurent ce qu'il avait de miraculeux,
et l'attribuèrent à la prière de leur apôtre.

Pour préserver la croix de toute tentative cri-
minelle et de toute irrévérence, ils la couvrirent
d'une maçonnerie, taillèrent dans la plaine une
grande croix en granit pour être mise sur cette
maçonnerie et la transportèrent au pied de la
montagne. Arrivés en cet endroit, ils durent

reconnaître l'insuffisance de leurs forces et de leurs moyens de transport. Ils revinrent donc au

MGR LAOUËNAN

village pour chercher du renfort. Retournés le lendemain à l'endroit où ils avaient laissé la croix, quel fut leur étonnement de ne l'y plus retrouver!

2

Pendant qu'ils la cherchent, ils remarquent des traces d'éléphant, le sol fortement piétiné sous un effort puissant, des branches cassées. Ayant suivi ces traces, ils arrivent au sommet de la montagne et trouvent leur croix de granit, non seulement transportée, mais encore placée sur son piédestal.

Cette seconde croix se voit encore aujourd'hui. Elle paraît avoir de douze à quinze pieds de hauteur; elle est composée de trois morceaux, le fût, la traverse et la tête, et est régulièrement équarrie. Un petit édifice, en forme de chapelle, la préserve des injures du temps. Pour plus de respect, on la tient ordinairement couverte, ainsi que son piédestal, d'un fourreau d'étoffe rouge. Dans la maçonnerie du piédestal est pratiqué un trou carré et assez profond, que l'on dit aboutir à la croix miraculeuse qui, à la prière de saint Thomas, avait surgi du rocher et qui en fait partie : une lampe brûle jour et nuit dans cette petite cavité.

A quelques pas, sur le sommet de la roche, s'élève une modeste chapelle dédiée au saint apôtre, dont la statue tient une équerre de la main droite, pour rappeler qu'il exerçait le métier de charpentier. Nous y célébrâmes la sainte messe, Mgr Bonnand, M. Dépommier et moi, pour le peuple qui nous avait suivis, pour nos chères Missions de l'Inde et le bon succès de notre voyage.

Du sommet de la montagne de la Croix, on jouit d'une vue magnifique. D'un côté, se dressent les montagnes de la chaîne des Ghattes, couronnées de nuages blancs qui serpentent autour de leurs sommets, couvertes de forêts inacessibles, vieilles comme le monde, où se promènent en liberté les éléphants et les tigres. De l'autre, s'étendent et se déploient les plaines boisées de la côte malabare, avec leurs champs cultivés, leurs forêts de cocotiers et les mille sinuosités de leurs rivières.

Parmi les particularités de la montagne citons des chèvres sauvages d'une taille beaucoup plus forte que les chèvres et les chevreuils ordinaires, et d'une couleur noirâtre. Elles sont de la part des pèlerins l'objet d'un respect singulier et sont appelées les chèvres de saint Thomas. Personne ne s'aviserait de leur faire le moindre mal, de crainte qu'il ne lui arrive malheur, comme on raconte qu'il est survenu à d'autres. Les pèlerins leur offrent des fruits et du riz à manger; aussi s'en laissent-elles facilement approcher et caresser, et elles entrent volontiers à la chapelle, dès qu'elles s'aperçoivent qu'il y a du monde. On prétend, mais je ne crois pas qu'aucun homme vivant en ait été le témoin! qu'elles veillent avec sollicitude à la lumière qui brûle devant la croix, et que, si l'homme chargé de l'entretenir est en retard ou endormi, elles vont l'exciter et l'éveiller à coups de cornes.

Après être descendus de la montagne, et avoir pris un court repas au village de Maleyattour, nous repartîmes ce jour même en redescendant le fleuve. Nous passâmes la nuit dans un grand village chrétien, dont une partie des habitants

étaient venus au loin à notre rencontre, malgré
une forte pluie d'orage. L'église est grande, belle
et fort riche, et se glorifie d'avoir été fondée par
saint Thomas.

*
* *

D'autres souvenirs historiques attirent son
attention et en passant au Moïsson il s'empresse
de les noter.

Séringapatam, ou la ville fortifiée, occupe
l'extrémité occidentale de l'île; Ganjam est à
l'est. Les remparts de la première sont baignés
des deux côtés par les bras du Cavéry, et n'offrent
rien de bien remarquable.

Leur architecte et Tippou-Saheb lui-même qui
y mit la dernière main, pensa sans doute que le
fleuve protégeait suffisamment la ville; ce qui
eût été justifié, si le lit du fleuve était toujours
rempli d'eau, comme il est à l'époque de la mous-
son du sud-ouest, sur la côte malabare. Mais
étant presque à sec une bonne partie de l'année,
il offre pendant ce temps un passage praticable,
quoique rendu difficile par les roches glissantes
dont il est semé. Du côté intérieur de l'île, au
contraire, les fortifications sont vraiment formi-
dables: ouvrages avancés, contrescarpes doubles,
fossés profonds, taillés dans le roc, bastions,
redoutes, double muraille massive en granit, etc.,
je n'ai encore rien vu de plus compliqué et d'une
défense plus sûre. Aussi les Anglais ne s'y trompèrent pas.

Quand ils vinrent en 1799 assiéger la place

pour la seconde et dernière fois, ils choisirent la saison sèche, pendant laquelle le fleuve n'a point d'eau et attaquèrent la ville du côté de la rivière.

Tippou avait cependant des chances de résistance : les Français qui étaient à son service se tenaient au point attaqué et le défendaient avec énergie. Mais on dit que le général anglais qui avait déjà gagné un des familiers de Tippou, sut faire naître dans son esprit des soupçons sur la fidélité de ces braves ; ils furent éloignés de la brèche et placés d'un autre côté. Bientôt la brèche fut praticable ; l'assaut fut donné et la ville prise, malgré la résistance furieuse de Tippou, qui mourut dans la mêlée.

Ayant reçu une légère blessure en combattant, il monta à cheval, et pendant qu'il se dirigeait d'un autre côté, il fut, dit-on, blessé de nouveau au flanc droit et à la poitrine ; en même temps son cheval était tué sous lui. On le plaça alors dans un palanquin, mais un soldat anglais étant venu pour lui arracher son baudrier qui était d'un grand prix, Tippou, quoique mourant, ne put supporter cet affront et voulut frapper l'ennemi de son épée. Celui-ci, ignorant la dignité de son ennemi, lui déchargea à bout portant son fusil dans la tête et le tua raide.

La ville de Séringapatam est mal bâtie ; les rues sont étroites, tortueuses, inégales ; les maisons petites et misérables. Nous n'y avons remarqué que trois monuments : une mosquée assez belle, le palais de Tippou et la pagode de Sri-

Banga, qui a donné son nom à la ville (Sri-Banga Palanam, d'où Séringapatam).

Le palais de Tippou forme une espèce de cloître, à étage, mais bas, mal aéré et aujourd'hui dans un état de ruine presque complet. Les appartements de réception, encore assez bien conservé, servent actuellement de bangalow (1) pour les voyageurs et l'on voit, sous l'indigne badigeon de chaux dont on les a souillés, les restes des dorures qui les ornaient autrefois.

Çà et là, dans les rues, gisent d'énormes canons rouillés, et devant le palais dorment des piles de boulets cachés sous des lianes.

Autrefois l'église catholique était située non loin des remparts ; mais Tippou la détruisit, avec les maisons qui avoisinaient la ville, afin d'en éclairer les approches. Elle est maintenant à Ganjam, et a été construite par M. Dubois en 1800. En nous rendant dans cette dernière ville, nous vîmes sur la gauche un bangalow de plaisance situé au milieu d'un vaste jardin. C'est là que Tippou se rendait, dit-on, pour donner ses audiences. Le bangalow est petit, bien conservé et orné avec un luxe vraiment royal. A l'extérieur il semble n'avoir qu'un rez-de-chaussée, et n'a sur le pourtour qu'un rang de colonnes ; mais en réalité il a un étage, peu élevé, il est vrai, ainsi que le rez-de-chaussée. Si ce peu d'élévation nuit à la majesté de l'édifice, la richesse des détails, les dorures, les sculptures, les peintures,

_____

(1) Sorte de caravansérail.

qui en ornent toutes les parties, viennent ample-
ment compenser ce défaut.

Sur le mur extérieur de l'ouest, protégées par
des vérandahs ou galeries, sont des peintures
représentant des marches et des batailles de
Hayder et de Tippou; comme œuvre d'art, ce
sont les choses les plus grotesques qui se puissent
imaginer.

De l'autre côté, sous la vérandah de l'est, sont
des cartons reproduisant les portraits en minia-
ture 'de tous les grands personnages de l'Inde,
depuis Tippou jusqu'à ce temps : on les dit res-
semblant.

A l'extrémité orientale de l'île, au delà de
Ganjam, dans un jardin, s'élève le tombeau
d'Hayder-Ali, de sa femme et de Tippou. C'est un
beau monument, se composant d'un dôme et
d'une galerie extérieure : le dôme, ayant la forme
d'un œuf dans sa partie supérieure, est carré à
sa base, et bâti en pierres de taille badigeonnées
de blanc ; la galerie carrée est soutenue par des
colonnes monolithes d'un beau marbre noir et
poli, qui produisent un effet saisissant sur le fond
blanc de l'édifice. Les portes donnant entrée dans
le tombeau sont incrustées d'ivoire. Les trois
tombes sont placées l'une à côté de l'autre, celle
d'Hayder au milieu; elles sont couvertes de tapis
et de châles précieux, et chaque jour des hommes
chargés de ce soin y déposent avec ordre des
roses nouvelles.

Le monument, ne recevant de lumière que par
les portes, produit sur l'âme un effet lugubre,

d'autant plus qu'en présence de ces tombes on ne peut s'empêcher de jeter un regard en arrière et de parcourir par la pensée la carrière des deux hommes qui y sont ensevelis : Hayder, soldat de fortune, parvenu au suprême pouvoir par son génie, son activité prodigieuse, une constance à toute épreuve, une habileté et une souplesse sans égales ; toujours en guerre, souvent battu, plus souvent vainqueur, jamais découragé ni à bout de ressources, conquérant de vastes provinces, tenant en échec la puissance britannique ; peu scrupuleux, cruel et sanguinaire, s'il y trouvait son avantage ; humain et généreux, si son intérêt le demandait, en somme pas plus immoral que les autres princes ses adversaires ; politique fin, rusé, aussi habile dans les négociations et l'administration que dans les guerres, il remplit l'Inde de son nom et de ses exploits de 1750 à 1782 et mourut à Arcot de maladie, sans avoir osé prendre le titre de roi. Tippou–Saheb ou Sultan, actif, brave, indomptable, comme son père, mais n'ayant ni sa souplesse, ni son habileté, ni sa modération ; sanguinaire par nature, versant le sang par plaisir, il remplit tout le pays de ruines, de désolation et de terreur.

Hayder ne fit jamais de mal aux chrétiens ; au contraire, il les favorisait, les distinguait et leur accordait volontiers sa confiance. Tippou, joignant à la soif des conquêtes et du sang un fanatisme effréné, obligea partout les chrétiens à apostasier ou les fit mettre à mort ; il détruisit toutes les églises des royaumes de Cochin et de Travancore

qu'il put atteindre, toutes celles du Canara, du
Malabar, du Maïssour et du Coïmbatour; dispersa
ou fit périr cruellement trente mille chrétiens du
Meïssour et du Coïmbatour, autant dans le
Canara, et un bien plus grand nombre dans le
Malabar, dans les royaumes de Cochin et de
Travancore.

Le tombeau d'Hyder et de Tippou est aujour-
d'hui un lieu de pèlerinage très fréquenté par les
musulmans; il est entouré de galeries et d'édifices à l'usage des pèlerins, et non loin se trouve
une belle mosquée, bâtie, comme le tombeau, par
Tippou.

En sortant nous rencontrons le tombeau d'un
général anglais, et au delà l'entrée monumentale
d'un vaste jardin de plaisance, aujourd'hui converti en rizières.

Au delà du bras méridional de la rivière, s'élève
un petit tombeau isolé, surmonté d'une croix :
c'est celui de M. Lalli, capitaine français au service de Tippou, son âme damnée, l'exécuteur de
ses cruautés, aventurier sans foi et sans religion,
sur le compte duquel on raconte encore dans le
pays une foule de traits pendables. Malgré cela,
son tombeau est aussi un but de pèlerinage pour
les musulmans et les païens. Fiez-vous aux
Indiens pour bien juger des gens !

Je me suis étendu un peu longuement sur la
description de ce lieu célèbre, dans la pensée que
vous prendriez le même intérêt que nous.

Malgré les forfaits de Tippou—Saheb, il fut
l'allié de la France (un allié peu honorable); nos

compatriotes combattirent et moururent avec lui ;
et c'est à Séringapatam qu'a été enseveli le dernier espoir de notre pays d'enlever à l'Angleterre
une partie de l'immense empire des Indes.

A Bénarès, le Vicaire apostolique de Pondichéry, Mgr Bonnaud, s'arrêta brisé par la fatigue
et expira entre les bras de ses secrétaires.

Mgr Charbonneaux (1) fut chargé d'achever la
visite si bien commencée et M. Laouënan accompagna dans les autres Missions de l'Inde et dans
une partie de l'Indo-Chine le nouveau délégué du
Souverain Pontife.

A son retour, il fut nommé supérieur du Grand
Séminaire et y déploya d'éminentes qualités.

Aussi, à la mort de Mgr Godelle, les suffrages
des Missionnaires et du Séminaire des Missions
Étrangères le désignèrent au choix de Pie IX, et
le 25 octobre 1868, il fut sacré évêque de Flavio-
polis par Mgr Charbonnaux. Dix-huit mois après,
il faisait partie de la commission des Missions et
siégeait au concile du Vatican, où il était trop
heureux d'affirmer sa foi et celle de ses chrétiens
en l'infaillibilité du Pontife suprême.

Avant de repartir pour sa Mission, il alla revoir
sa ville natale qui lui fit une réception triom-
phale. Un poète le salua par des strophes
charmantes dont nous citons la première :

> Du chaud rivage où le soleil se lève
> Dardant ses feux sous un ciel toujours pur,
> Où la vapeur qui lentement s'élève
> Ne vient voiler l'éblouissant azur,

(1) Vicaire apostolique du Maïssour.

Un jour soudain une voix est partie,
Elle a franchi les bords de l'Océan ;
Réjouis-toi, ma Bretagne chérie,
Car elle dit le retour d'un enfant.

Les journaux religieux racontèrent l'émotion qui saisit les spectateurs, lorsque l'évêque, à sa première grand'messe dans l'église de Lannion, communia sa mère :

« N'oublions pas une scène touchante qui a ému tous les assistants. La vieille mère de Mgr Laouënan a voulu recevoir la communion de la main de son fils pendant la messe pontificale. Elle s'est avancée au milieu du chœur et quand le prélat s'est tourné vers elle, quel spectacle ! Une mère à genoux dans cette même église où elle avait porté son fils dans son enfance, le revoyant orné du vêtement des pontifes et recevant son Dieu de la main de celui qu'elle ne croyait plus revoir en ce monde. »

Rentré à Pondichéry, l'évêque tenta sur une plus grande échelle l'évangélisation des parias, la caste la plus méprisée de l'Inde.

Les débuts furent heureux ; ils encouragèrent à continuer ; aujourd'hui l'œuvre se poursuit avec succès ; elle restera une des principales, la principale peut-être de cet épiscopat.

En 1876 vint la famine, cette horrible famine de l'Inde, dont le souvenir seul fait frémir. D'après les statistiques officielles, elle fit périr 5 millions d'hommes : le seul district de Salem, dans le Vicariat de Pondichéry, perdit 500.000 hommes sur 2.000.000. « Tout le pays, pouvait-on

« écrire avec vérité, ressemble à un immense
» champ de bataille où, chaque jour, la mort
» couche des centaines d'Hindous dont les vau-
» tours se disputent les cadavres. »

Mgr Laouënan sacrifia toutes les ressources
de la Mission et sa fortune personnelle; bientôt,
n'ayant plus rien, il se vit dans la nécessité de
donner à ses prêtres l'ordre de ne plus distribuer
de secours. Un cri de suprême angoisse lui
répondit; il y avait tant de souffrances à soulager,
tant d'âmes à sauver!

Les missionnaires eurent cependant l'héroïque
courage de ne pas désobéir, mais leurs larmes
plaidèrent éloquemment la cause des affamés.

L'évêque ne put résister à leurs pressantes et
multiples sollicitations. *Salus populi suprema lex
esto*, se dit-il, et il engagea l'avenir. En même
temps, il faisait à la France catholique un
chaleureux appel. On médit beaucoup, trop peut-
être, de notre siècle. Aucun l'égala-t-il jamais
en charité? et à qui considère le passé, cette
charité ne suffirait-elle pas pour faire aimer le
présent et espérer en l'avenir?

La parole du Vicaire apostolique fut entendue,
de riches dons lui furent envoyés. Ni lui, ni ses
missionnaires n'ont compté les malheureux qu'ils
ont secourus, mais ils savent le nombre de ceux
qu'ils ont faits enfants de Dieu et de l'Eglise :
dans le seul Vicariat de Pondichéry il s'élève à
46.886 pour les deux années 1877 et 1878.

De cette situation nouvelle naquirent des
besoins nouveaux. La famine avait fait de nom-

breux orphelins ; il fallut bientôt songer à les
marier. Le mariage indien est chose fort com-
pliquée, car nul ne peut se marier que dans sa
caste. Telle était la grande difficulté. Il y en avait
d'autres que comprendront ceux qui connaissent
l'Inde : « Nous étions extrêmement inquiets, écrit
» Mgr Laouënan, lorsque je reçus d'une personne
» charitable la somme de 5.000 francs, destinée
» à pourvoir, selon que je le jugerais convenable,
» à la persévérance de nos pauvres néophytes.
» Après avoir prié Dieu de m'éclairer, je conçus
» la pensée d'employer cet argent à marier dans
» les familles chrétiennes, les jeunes gens et
» particulièrement les jeunes filles qui étaient
» les plus exposées. Mes confrères, consultés,
» applaudirent à ce dessein, et il fut convenu
» qu'une somme variant de 15 à 20 francs, suivant
» le cas, serait allouée pour chaque mariage.
» Mes confrères se mirent à l'œuvre avec ardeur ;
» les 5.000 francs que j'avais reçus furent bientôt
» épuisés ; ils permirent d'établir environ 250
» familles. Depuis lors, la divine Providence ne
» nous a pas abandonnés, elle nous a procuré
» de nouvelles aumônes. Le chiffre des mariages
» accomplis aujourd'hui est d'environ 800, pour
» lesquels nous avons dépensé 16.000 francs. »

En 1879, Mgr Laouënan publia l'édition définitive de la première partie du Directoire de la
Mission de Pondichéry. Ce livre est actuellement
aux mains de tous les prêtres du sud de l'Inde.
C'est le guide le plus sûr pour l'organisation et
l'administration des chrétiens, pour les procédés

à suivre envers les païens. Connaissance profonde des usages indiens, exposition claire de
la doctrine et son mode d'application, explications
détaillées et pratiques de la Bulle sur les rites
malabares, enfin décisions des assemblées syno-
dales qui furent tenues à Pondichéry en 1844 et
en 1849, telles sont les qualités de ce volume et
les sujets qu'il traite.

Ce sont là, faiblement esquissés, les travaux
de l'apôtre. Mais Mgr Laouënan ne fut pas
seulement un apôtre, il fut aussi un savant. Il
est vrai que chez lui les deux choses se confon-
daient et concouraient au même but; il ne se
servit de la science que comme d'un moyen,
comme d'une arme, pour étendre et féconder son
apostolat.

Il avait beaucoup étudié le brahmanisme, il
avait lu la plupart des écrivains anciens et mo-
dernes qui ont écrit sur l'Inde, sur ses institutions
et sur ses coutumes; il avait parcouru le pays
dans toutes les directions, il avait visité ses
monuments, il s'était tenu au courant de toutes
les récentes découvertes d'inscriptions; il se
crut le droit de dire son avis sur des questions
dont beaucoup avaient parlé après les avoir
étudiées pendant six mois; il publia un livre
intitulé : *Du Brahmanisme et de ses rapports avec
le Judaïsme et le Christianisme*. Son but était de
donner « la preuve scientifique que les institu-
» tions et les livres sacrés de l'Inde sont posté-
» rieurs à Moïse et en bien des cas à Jésus-Christ,
» par conséquent que c'est le Brahmanisme qui

» doit avoir emprunté au Judaïsme et au Chris-
» tianisme les similitudes et analogies qui
» existent entre les trois religions. »

Il a pleinement réussi. Il a divisé son travail
en plusieurs parties : dans la première, il expose
les ressemblances entre le brahmanisme d'une
part, le judaïsme et le christianisme de l'autre;
la seconde se compose de recherches sur les
origines ethnographiques, les mœurs et les races
qui constituent le peuple indien ; la troisième
contient l'histoire des transformations et des
vicissitudes intérieures qu'a subies le brahmanisme depuis les temps les plus reculés jusqu'à
nos jours.

Dès son apparition, cet ouvrage fut accueilli
avec une extrême faveur et quelques mois plus
tard couronné par l'Académie française.

Mgr Laouënan était alors à Rome, où le Souverain Pontife l'avait appelé pour le consulter
sur la double question d'un nouveau concordat à
conclure avec le Portugal et du rétablissement
de la hiérarchie dans les Indes.

Ces deux questions furent résolues dans le
sens que désirait Léon XIII, et le vénérable évêque,
après avoir passé quelques semaines en France,
repartit pour Pondichéry. C'est à cette époque
que nous eûmes pour la première fois la joie de
le voir ; c'était déjà un vieillard, mais vigoureux
encore, et que quarante ans d'apostolat n'avaient
point abattu ; de taille moyenne et bien prise, il
se tenait très droit, et portait une magnifique
barbe blanche, ses traits fortement accusés, ses

yeux gris et vifs, cachés sous d'épais sourcils, ses lèvres minces et serrées, auraient donné l'expression d'une mâle énergie, peut-être même d'une sorte de rudesse à tout son visage, si un sourire d'une ineffable douceur n'était venu l'éclairer, le sourire d'une belle âme dont l'expérience a doublé la bonté.

Reparti pour Pondichéry il y reçut la bulle qui le nommait archevêque.

Mais bientôt, ses travaux furent arrêtés par la maladie, l'intrépide apôtre perdit presque entièrement la vue. Dans cette épreuve, il révéla l'entier héroïsme de son grand cœur ; persuadé que son infirmité était dans les desseins de Dieu et pour le plus grand bien de sa Mission, il fit le vœu de ne pas recourir aux médecins et de ne pas leur demander l'opération de la cataracte. Rome fut informée de ce dévouement, elle l'admira, mais ne l'accepta pas et Mgr Laouënan reçut l'ordre de venir se faire traiter à Paris. Après la guérison, il repartit pour les Indes avec tout le courage de ses jeunes années, sans la force, hélas !

Un second voyage en France fut jugé nécessaire ; le vieillard s'y soumit avec peine, comme s'il avait le pressentiment qu'il ne reverrait plus ce beau pays devenu sa seconde patrie.

Il laissait là-bas tant de collaborateurs dévoués, tant d'œuvres si bonnes et si belles !

A cette époque l'archevêché de Pondichéry comptait 94 missionnaires, 34 prêtres indigènes, 1 Séminaire avec 42 élèves, 152 écoles ou orphelinats et 7.485 élèves, 572 églises et chapelles et 217.000 catholiques.

En France, il employa ses longs mois de douleurs à revoir le second volume du Directoire de sa Mission ; quelques jours avant sa mort, il en dicta la préface et l'adressa à son coadjuteur, Mgr Gandy ; puis, ayant achevé les choses du temps qui pour lui n'étaient que le moyen de préparer les choses de l'éternité, il s'isola dans la pensée du ciel.

Le jeudi 29 septembre 1892, au sanatorium de la Société des Missions Étrangères, à Montbeton, il expira dans la 70e année de son âge, la 47e de son ministère apostolique et la 24e de son épiscopat.

Mgr BIGANDET

ÉVÊQUE TITULAIRE DE RAMATHA

VICAIRE APOSTOLIQUE DE LA BIRMANIE MÉRIDIONALE

Paul-Ambroise Bigandet naquit à Malans, canton d'Amancey (Doubs), le 13 août 1813, et eut le bonheur d'être baptisé le même jour.

« Son père, Antoine Bigandet, dit la *Semaine*
» *Religieuse* de Besançon, à qui nous empruntons
» plusieurs détails de cette notice, était alors
» maire de la commune qu'il administrait déjà
» en 1795, en qualité d'officier de l'état civil.

» Lorsque l'enfant eut reçu les premiers ensei-
» gnements de l'école, on l'envoya faire ses études
» scolaires au petit séminaire d'Ornans.

» Le jeune Bigandet figure parmi les lauréats
» du petit séminaire jusqu'en 1828. Il était dans
» la seizième année de son âge quand il alla
» commencer à Besançon son cours de théologie.
» Au témoignage de ses maîtres, il s'y distingua
» par sa piété, son aptitude et ses progrès dans
» la science sacrée. En 1832, il fut envoyé comme
» professeur au petit séminaire de Marnay. Maî-
» tre dévoué, intelligent, d'un caractère vif et
» aimable, il se consacra pendant quelques an—

» nées à l'enseignement classique. Mais Dieu
» l'appelait à une vocation plus laborieuse, et en
» 1836, il entrait au Séminaire des Missions-
» Etrangères de Paris. »

Dès l'enfance, on put donc remarquer dans le
jeune Bigandet cette ardeur au travail et cette
admirable énergie de caractère qui devaient plus
tard lui faire entreprendre et mener à bonne fin
de si grandes choses.

Après une année d'épreuves à la rue du Bac,
l'ancien professeur de Marnay recevait la prêtrise,
le 18 février 1837, des mains du pieux fondateur
de l'Œuvre de la Sainte-Enfance, Mgr de Forbin-
Janson, évêque de Nancy, dans la chapelle des
Missions-Étrangères.

Le jeune missionnaire aspirait sans doute à être
envoyé dans une de ces missions de la Société, si
nombreuses à cette époque, où il pourrait gagner
la palme du martyre, comme venaient de le
faire les Vénérables Marchand et Gagelin, ses
compatriotes.

Dieu en avait disposé autrement : ses superieurs
l'envoyèrent en Malaisie. Après cent-trente jours
d'une traversée des plus périlleuses, il arriva à
Pinang, résidence du Vicaire apostolique de la
presqu'île de Malacca. Ce prélat avait aussi juridiction sur le Tennasserim, dont deux principales villes, Tavoy et Mergui, autrefois partie
intégrante du royaume de Siam, avaient, à la
suite d'une guerre de quinze ans (1754–1768),
passé sous la domination des Birmans.

A peine remis des fatigues du voyage, M. Bi-

gandet reçut l'ordre d'accompagner M. Régnier
à Mergui. Il était dans toute la vigueur de la
jeunesse et la ferveur du zèle apostolique.

Trois ans seulement après son arrivée, il com-
posait en langue birmane, une Vie de Notre-Seigneur et un Recueil de Prières, deux bons ouvrages qui, jusqu'à nos jours, n'ont pas cessé
d'être en usage dans les Missions de Birmanie.

Capable désormais de se faire comprendre, il
se voua à l'évangélisation des infidèles. Ses soins
et son affection se partagèrent entre les deux tribus qui habitaient le pays : celle des Carians et
celle de la population indienne, refoulée dans les
montagnes et dans les forêts. Sept ans se passèrent dans ces rudes labeurs, où le zélé missionnaire sut mettre à profit les moindres circonstances pour gagner des âmes à Dieu. Il fut remarqué des supérieurs. Mgr Boucho Vicaire Apostolique de la presqu'île de Malacca, pensa qu'il serait pour lui un auxiliaire précieux dans l'administration de la Mission. Il l'appela près de lui
en 1843, et lui confia l'importante paroisse de
Pinang, avec la charge de provicaire. Grâce à son
énergie et à ses qualités administratives, le nouveau curé de Pinang eut bientôt transformé sa
paroisse. Malgré ses occupations multiples, il sut
trouver le temps d'étudier à fond la langue ma-
laise. En même temps, il transcrivait en caractères romains tous les livres religieux et clas-
siques en usage dans le Vicariat, adressait aux
journaux de l'endroit des articles remarquables,
collaborait activement avec son évêque à la ré-

daction des « Litteræ Pastorales » et des « Avis aux missionnaires », ouvrages de haute valeur. Il réglait de concert avec Rome le différend survenu entre les missionnaires de la Société et les prêtres portugais établis à Singapore et à Malacca. Mais de toutes ces occupations, il en était une particulièrement chère à son cœur : l'éducation de la jeunesse. Il se fit tout d'abord lui-même instituteur, et réussit par ses talents et ses manières affables à conquérir l'estime de toute la colonie. Il entreprit ensuite la construction de vastes établissements scolaires. Il confia l'un, celui des garçons, aux Frères des Ecoles Chrétiennes ; l'autre, celui des filles, aux religieuses du Saint-Enfant Jésus, dites Dames de Saint-Maur, 1851.

Dès l'année 1846, Mgr Boucho avait fait choix de M. Bigandet pour son coadjuteur avec future succession. Quoique les bulles d'évêque de Ramatha lui fussent parvenues cette année-là même, M. Bigandet ne put consentir à recevoir la consécration épiscopale, il continua, pendant dix ans encore, à travailler au milieu de ses chers paroissiens. L'église devint bientôt trop étroite, et il dût songer à la remplacer par une construction plus vaste et plus rapprochée du centre de la ville.

A cette époque, la mission de Birmanie confiée aux Oblats de Marie de Turin, traversait une crise doublement pénible. En 1848, le gouvernement de Sardaigne avait décrété la spoliation des congrégations et corporations religieuses. Celle des Oblats eut le privilège de lui être particulière-

ment odieuse. Le recrutement de nouveaux religieux devint de plus en plus difficile, et le manque
de ressources contraignit plusieurs missionnaires à revenir en Europe.

En face de cette détresse, le Vicaire apostolique, Mgr Balma, s'adressa à Rome, et demanda
en même temps à Mgr Boucho si la Société des
Missions–Étrangères de Paris consentirait à
prendre en main l'administration de son Vicariat.
L'évêque de Malacca, appréciant l'utilité qu'il y
aurait à ouvrir, par la Birmanie, une voie de
communication avec les missions de la Chine
occidentale, fit un rapport favorable. D'un autre
côté, la Sacrée Congrégation de la Propagande
pressait. Le Séminaire de Paris se rendit à ces
instances, et il fut convenu qu'on enverrait de la
presqu'île de Malacca en Birmanie, un supérieur
et cinq missionnaires. Ce petit nombre de prêtres
français paraissait suffisant, parce que plusieurs
Oblats devaient rester dans la Mission.

Le supérieur était désigné d'avance; ce fut
Mgr Bigandet, sacré évêque de Ramatha, le 30
mars 1856, avec le double titre de coadjuteur de
la Mission de Malacca et d'administrateur d'Ava
et Pégou. La Providence l'avait préparé de
longue main à la noble et longue carrière qui
s'ouvrait devant lui.

La Birmanie comptait environ dix millions
d'habitants, dispersés depuis les frontières de
Chine jusqu'au golfe de Martaban, et appartenant
à des races diverses : les Birmans, les Talaïns,
les Shans, les Chins, les Carians, les Kakyns, les

Yaou. Les chrétiens étaient au nombre de trois à
quatre mille. La guerre des Anglais qui venaient,
en 1852, de conquérir une partie du pays, avait
amoncelé bien des ruines.

« Sous le rapport matériel, écrivait le jeune
» prélat, les besoins étaient immenses : des
» églises dévastées, des presbytères détruits, des
» écoles ruinées, et pour remédier à ces maux,
» aucune ressource; l'avenir même était engagé.
» Sous le rapport spirituel, la situation paraissait
» meilleure; mais elle était loin d'être brillante.
» A Rangoon même, où nous nous rendîmes
» après trois semaines de séjour à Moulmein, il
» n'y avait pour servir d'église et de presbytère
» qu'une misérable cabane qui s'écroula quatre
» jours après notre arrivée; mais les chrétiens
» étaient fervents.

» Les autres postes, Myaung-mya, Bassein,
» etc.; étaient dans le même dénuement. »

Après s'être fixé à Rangoon, l'intrépide apôtre
avait, dès l'année 1856, visité les principales stations de la Basse-Birmanie et pourvu, autant que
possible, à leurs besoins. Il se prépara ensuite à
partir pour la Birmanie supérieure avec M. Barbe.
Il se rendit à Mandalay, capitale de l'empire Birman, où le roi le reçut avec bienveillance, lui
fournit des éléphants pour visiter ses chrétientés,
et lui donna l'autorisation d'aller à Bhamo, ville
importante, sur la frontière chinoise, qu'il se proposait d'explorer. Il resta quinze jours à Bhamo,
se rendit compte des avantages que procurerait
à la Mission, aussi bien qu'au commerce, l'exé-

cution d'une route vers la Chine, et continua à
parcourir les diverses chrétientés dont il désirait
relever les ruines. A Toungoo, ancienne capitale
d'un royaume indépendant, où travaillait avec le
plus grand zèle le P. D'Cruz, missionnaire de la
Propagande, récemment agrégé à la mission de
Birmanie, une simple hutte en Bambou servait
de résidence, et une pauvre cabane, de chapelle
pour les soldats catholiques de la garnison. De
Toungoo, la petite caravane se rendit à Sué-gyin,
traversa la langue de terre qui sépare la rivière
du Littang de celle du Pégou, et arriva à l'ancienne ville du même nom. La vue de cette profonde misère jeta un peu d'inquiétude dans le
cœur du zélé Pasteur. « Nous venions de visiter,
» dit-il, la plus grande partie de notre Mission ;
» partout, dans les presbytères ou dans les églises,
» quand il en existait, nous avions vu le dénue-
» ment le plus absolu ; chez les chrétiens, la mi-
» sère la plus affreuse. Afin de pourvoir aux
» besoins des uns et des autres, nous n'avions
» rien et nous songions à l'avenir avec inquiétude.
» — « Mais enfin, s'écrie M. Barbe, à tous les
» maux il y a un remède. Eh bien! Monseigneur,
» voici ce que je propose : empruntez une somme
» de 15,000 francs à Paris, remboursez-la en trois
» annuités de 5,000 francs chacune, et peut-être
» pourrez-vous ainsi parer aux premières diffi-
» cultés.» Ce conseil fut un trait de lumière; nous
» le suivîmes, et l'état de la Mission s'améliora.»

Vers la fin de février 1857, Mgr Bigandet était
de retour à Rangoon.

Au milieu de ces longues et pénibles courses qui n'avaient pas duré moins de six mois et demi, l'étude ne cessait d'être la compagne favorite du grand évêque. Chose merveilleuse et presque incroyable, il trouva le temps d'écrire en anglais son principal ouvrage : « La légende de Gaudama, » publié pour la première fois en 1858, un an seulement après son retour à Rangoon. Nous n'essaierons pas d'analyser cette œuvre de maître connue de tout le monde savant, qui a valu à son auteur une renommée européenne. « C'est, dit le » *Rangoon Times,* une combinaison unique en » son genre de science Pali et de recherches » locales. » Quant au style, il est étonnant, au dire des Anglais eux-mêmes, qu'il soit sorti de la plume d'un écrivain français. « La légende de Gaudama » a déjà eu trois éditions; une quatrième ne tardera pas à paraître.

Au sujet de l'état du christianisme en Birmanie, Mgr Bigandet écrivait, le 20 janvier 1858 : « L'histoire de la Mission catholique, depuis cent » trente ans, peut se résumer en deux lignes : » d'un côté efforts héroïques, persévérants et » vraiment apostoliques, accompagnés de quelques » succès ; de l'autre, commotions soudaines, qui » ont emporté, détruit le résultat de ces efforts, » empêché la prédication de l'Évangile, ou étouffé » la bonne semence. » Puis il ajoute cette note consolante : « Mais les temps sont changés, et » nous avons moins à craindre les effets désas- » treux des rivalités politiques. »

En effet, l'influence européenne grandissait tous

les jours dans cette partie de l'Indo-Chine. Les
Anglais, maîtres des principales villes de la Birmanie, favorisaient les œuvres de la civilisation.
De son côté, l'évêque de Ramatha ne manqua pas
de profiter d'une ère si propice à la propagation
de l'Évangile. Une connaissance approfondie du
birman, de rares qualités naturelles, un grand
esprit de tolérance, en dehors bien entendu des
questions de principe, une foi énergique et persé-
vérante, le rendirent bientôt maître de la situation.
A son arrivée, il avait été pris pour un espion
politique par le major Sparks ; il devint bientôt
un de ses meilleurs amis. Tout en conservant,
ainsi que ses illustres devanciers, les Pallu, les
Laneau, les Lefebvre, etc., l'amour de sa patrie,
Mgr Bigandet donna des preuves de son désin-
téressement en matière politique, pour ne s'occuper que de l'extension du royaume de Dieu parmi
les peuples qui lui étaient confiés.

En 1866, sur l'invitation du colonel Arthur
Playre, alors gouverneur de la Birmanie anglaise,
il accompagna, en qualité d'interprète, la légation qui se rendait à Mandalay, pour conclure un
important traité entre le gouvernament britannique et le roi birman, Mindoon.

Les bons rapports de l'Evêque catholique avec
la nation conquérante ne diminuaient en rien son
dévouement à l'égard du peuple vaincu. Dans son
histoire de la Mission, publiée en 1887, Mgr Bigandet a raconté en détail les services rendus au
catholicisme par le roi Mindoon, et lui-même le
payait de retour par ses bons offices envers la

famille royale. A l'exemple de l'illustre évêque d'Adran, Mgr Pigneau de Béhaine, nous le voyons porter un intérêt tout spécial au frère du roi, héritier présomptif du trône. Il sut se l'attacher au point que le prince n'hésita pas à lui confier l'éducation de plusieurs jeunes gens qui furent envoyés en France pour y étudier les arts et les sciences. En même temps, il plaçait quatre jeunes filles à l'école des Sœurs de Rangoon sous la tutelle de celui qu'il regardait comme son meilleur ami. « S'il eût vécu, écrit Mgr Bigandet, il » est probable que, grâce à ses bonnes disposi- » tions, la religion chrétienne eût fait de rapides » progrès parmi les Birmans. On peut dire de » lui qu'il est le dernier de sa race. Il n'aura pas » de successeur digne de lui. A la mort du mo- » narque actuel, les événements prouveront la » vérité de mon assertion. »

C'est ainsi que vingt ans à l'avance, le grand Évêque prédisait la chute de la dynastie des Alongpra ; prédiction qu'il lui a été donné de voir se réaliser.

De si grands talents et tant d'éminents services ne pouvaient passer inaperçus aux yeux du gouvernement français. Pour les récompenser, l'empereur Napoléon, par un décret du 31 mars 1866, nomma Mgr Bigandet chevalier de la Légion d'honneur. Les Anglais, de leur côté, ne voulurent pas se laisser vaincre en générosité, et en 1867, le premier ministre de la Grande-Bretagne adressait, au nom de son gouvernement, une lettre de remerciements à l'humble évêque

pour son gracieux concours dans la légation du
général Playre, à Mandalay, et dans le traité qui
en fut l'heureuse issue.

Sur la fin de 1869, l'évêque de Ramatha revint
en Europe pour prendre part au Concile du Vatican. Il était bien de ceux qui, suivant les belles
paroles de Louis Veuillot, « dans leur sublime
» travail apparaissent couronnés de toutes les
» auréoles vraiment augustes que peut conquérir
» le labeur de la vie. Ils sont la poésie, l'enthou-
» siasme de nos jours abaissés. Dieu avance chez
» les nations à naître sur les traces de leurs pieds
» saignants. »

Vicaire du Souverain Pontife, successeur des
Apôtres, l'évêque de Ramatha, ainsi que ses
vénérés collègues, n'hésita point à croire et à
juger opportune la définition de l'infaillibilité
pontificale.

Pendant son séjour à Rome, Mgr Bigandet ne
resta pas inactif. Effrayé de la lourde tâche qui
pesait sur lui, il avait demandé à Rome, dès 1866,
la division de la Birmanie en trois missions distinctes. La requête, approuvée par la Propagande,
n'avait pas encore reçu une sanction définitive.
Il eut quelques entrevues avec Mgr Jacobini,
chargé plus spécialement par la Sacrée Congrégation d'étudier cette affaire, et la division de la
Birmanie fut décidée. Deux Vicariats étaient for-
més : la Birmanie Méridionale et Septentrionale
qui restèrent confiées à la Société des Missions—
Étrangères; et une Préfecture apostolique, la
Birmanie Orientale avec Toungoo pour centre,

dont fut chargé le séminaire des Missions-Étrangères de Milan.

Jusqu'alors, comme nous l'avons dit, Mgr Bigandet n'était que coadjuteur de Mgr Boucho et en même temps administrateur d'Ava et de Pegou. Voici dans quelles circonstances il fut choisi pour vicaire apostolique de la Birmanie méridionale. « Pendant mon séjour à Rome, le cardinal » Barnabo me dit qu'étant encore coadjuteur du » vicaire apostolique de Malacca avec future suc- » cession, Mgr Boucho, accablé par l'âge et les » infirmités, me réclamait pour l'administration » de sa Mission. Cependant Son Éminence me » laissait entière liberté de choisir entre Malacca » et la Birmanie. Je demandai quelques jours pour » réfléchir sur un sujet de si grande importance. » Après avoir pris devant Dieu ma détermina- » tion, je vins en faire part au cardinal, lui disant » que tout en ressentant une grande affection » pour la Mission de Malacca, où j'avais travaillé » pendant quatorze ans, je pensais que le devoir » m'appelait en Birmanie, où ma présence serait » plus nécessaire, et où je voyais un plus vaste » champ s'ouvrir devant moi. C'est de tout cœur » que l'éminent cardinal approuva et ratifia mon » choix. »

Ce fut donc en qualité de vicaire apostolique que Mgr Bigandet revint à Rangoon en 1871; la population lui fit un accueil enthousiaste, tandis que la Mission de Malacca déplorait la perte de ce prélat qu'elle considérait comme son futur pasteur.

Le nouveau vicaire apostolique sacra un de ses missionnaires, M. Bourdon, évêque de Dardanie et vicaire apostolique de la Birmanie Septentrionale; et plein d'une ardeur qui, loin de diminuer, semblait s'accroître avec les années, il se livra tout entier au développement de sa Mission.

Le grand obstacle à la conversion des Birmans est leur attachement au bouddhisme. Dans une lettre de 1853, Mgr Bigandet le décrit en ces termes : « L'âme d'un Birman habite un centre » où personne ne peut pénétrer. Leurs prêtres, » les talapoins, les entretiennent dans ces » croyances. A l'égard de la jeunesse, les maîtres » d'écoles ou talapoins, dit-il encore, ne s'adressent » qu'à la mémoire, jamais à l'intelligence. Un Bir- » man ne sait ni penser ni réfléchir. Il dit : cela » est, cela était. Pourquoi? Il l'ignore et ne le » cherche point. Le fait attire son attention, l'idée » nullement. Tous les observateurs ont remarqué » ce manque d'originalité des populations de » l'Indo-Chine occidentale, des Birmans en par- » ticulier. »

Pour réagir contre ces dispositions, Mgr Bigandet avait ouvert une école au rez-de-chaussée de sa résidence; il prenait plaisir à enseigner lui-même. Un des ministres protestants les plus en vue à Rangoon en fait ce portrait : « Je le trouvai » un jour de forte chaleur, dans une chambre » chaude, enseignant le birman à une nombreuse » classe de jeunes gens. Je fus surpris de voir un » si grand évêque occupé à une si humble tâche. »

Pour l'importante question de l'éducation, le

gouvernement local entrait pleinement dans les vues de l'évêque catholique. Aussi lorsqu'on résolut d'établir un syndicat ou conseil supérieur de l'Instruction publique, on n'hésita pas à lui en offrir la présidence. Mgr Bigandet déclina humblement cet honneur en faveur du Directeur de la Justice, et n'accepta que la vice-présidence qu'il conserva jusqu'à la fin de sa vie.

Pour apprendre aux enfants à penser par eux-mêmes, à comparer les doctrines de leurs ancêtres avec celles de l'Évangile, il songea à établir des centres d'instruction dans toute la mission, en substituant à la méthode birmane la méthode d'enseignement usitée en Europe.

Les villes de Rangoon, Moulmein, et Bassein rivalisèrent bientôt de zèle pour construire des écoles, avec salles de travail, salles de classe, dortoirs, réfectoires, vastes et bien aérés. Auprès de l'école de Bassein, une imprimerie fut installée. L'évêque, aidé de ses missionnaires, prépara les livres qui furent imprimés en caractères birmans, et bientôt la Mission de Birmanie posséda tous les ouvrages de piété et d'instruction nécessaires. A Rangoon et à Moulmein, les écoles de garçons étaient confiées aux Frères des Ecoles chrétiennes, et celle des filles aux religieuses du Bon-Pasteur et de Saint-Joseph de l'Apparition. A tous ces établissements était joint un orphelinat pour les enfants pauvres et abandonnés.

L'éducation des filles, de beaucoup la plus difficile en Extrême-Orient, où la femme ne sait

rien et ne doit rien savoir, attira l'attention de
Mgr Bigandet d'une façon toute particulière. Dans
ce but, il fonda sous la direction des Sœurs du
Bon—Pasteur, un institut qui prit le nom de Congrégation de Saint-François-Xavier, pour former
le personnel destiné aux écoles de village. Ces
sœurs indigènes, vêtues d'une robe et d'un voile
noirs, font la classe et enseignent le catéchisme.
C'est un spectacle admirable de voir, au milieu
des forêts des Carians, ces jeunes filles, pour la
plupart nées païennes, passant leur vie à enseigner la lecture, l'écriture, la couture, et à faire
connaître le nom et la loi du vrai Dieu.

Une autre œuvre, la plus importante de toutes,
fut l'objet des préoccupations de Mgr de Ramatha ; la formation de prêtres indigènes et de caté-
chistes, qui sauraient la langue du pays et s'insi-
nueraient plus facilement parmi le peuple, pour
lui apprendre les éléments de la religion. Il
parvint à élever dix birmans au sacerdoce. Et
quelque temps avant sa mort, il jeta, à Myaung-
mya, les fondements d'un établissement destiné
au même but.

En 1880, sur l'ordre du Souverain Pontife,
Mgr Bigandet se rendait à Singapore pour le
synode des vicaires apostoliques de l'Indo-Chine.
Grâce à son habile direction, un grand progrès
fut réalisé dans ces missions sous le rapport de
l'uniformité de la discipline ecclésiastique.

A tous ces moyens de propagande par les
écoles, par les orphelinats, par les catéchismes,
l'évêque missionnaire ajoutait les tournées pas-

torales qu'il faisait chaque année; et dans lesquelles il réunissait autour de lui les popula—

ATTELAGE BIRMAN

tions des villages chrétiens, pour leur prêcher la parole évangélique.

« Il est impossible, écrit-il, d'exprimer tout le

4

bonheur que ressent un missionnaire qui, après
de longues courses, où il n'a rencontré que des
païens, se trouve tout à coup au milieu d'une
chrétienté fidèle, dans une église qui arbore en
triomphe au sommet de son clocher, le signe
consolant de notre rédemption. »

Il restait plusieurs jours dans ces stations,
administrant le baptême et la confirmation, prê-
chant, faisant le catéchisme à ces braves gens.

« Le presbytère, dit-il, ne désemplissait pas de
néophytes qui venaient voir leur premier pasteur,
converser avec lui et recevoir ses conseils. »

Sous un chef si laborieux, l'état de la Mission
s'améliora considérablement; au lieu des trois ou
quatre milliers de fidèles que l'évêque de Ramatha avait trouvés à son arrivée en Birmanie, c'est
30,000 et plus qu'il lègue à la sollicitude de son
coadjuteur et successeur dans le gouvernement
de la Birmanie Méridionale.

Cette esquisse rapide de la vie et des travaux
de Mgr Bigandet suffit pour expliquer la popula-
rité et l'influence dont il jouissait en Birmanie.
Jamais évêque catholique ne fut plus admiré des
Anglais. Les fêtes de son jubilé sacerdotal à
Rangoon, 1887, le prouvèrent hautement. Toute
la population, ayant à sa tête le représentant du
gouvernement, tint à rendre un hommage public
aux vertus et au dévouement du « bon vieil
évêque, » comme on l'appelait d'ordinaire. En
son honneur, une médaille d'or fut frappée et
une bourse fondée à perpétuité en faveur des
écoles. Nous ne pouvons résister à citer ici les

mémorables paroles que le grand évêque pro-
nonça à cette occasion et qui lui valurent à sa
sortie une véritable ovation.

— C'est maintenant, s'écria-t-il, que je récolte
au centuple les fruits de la bonne semence qu'il
m'a été donné de jeter à pleines mains durant les
cinquante années de mon séjour dans ces contrées devenues ma patrie d'adoption. Aussi, me
sens-je heureux d'avoir échangé l'Occident pour
l'Orient, l'Europe pour l'Asie, la France pour la
Birmanie. Après un demi-siècle, je puis dire
sans hésiter que mon choix a été des meilleurs,
et une source de joie pour moi. J'ai trouvé dans
ma Mission une famille d'enfants bien-aimés, et
parmi mes connaissances, un large cercle de
vrais et sincères amis. Témoin la sympathique
assemblée qui, en ce moment, se presse autour
de moi.

Cette notice biographique du premier évêque
de Rangoon ne serait pas complète si nous n'y
ajoutions quelques détails sur sa physionomie et
sa vie privée. D'une taille élancée, d'un tempé-
rament sec et robuste, Mgr de Ramatha faisait
paraître sur son large front et dans ses yeux
extraordinairement vifs les qualités maîtresses
de son caractère ; une intelligence aussi prompte
que profonde, jointe à une activité dévorante et
à une mémoire des plus heureuses. (La figure
était ovale, le nez bien proportionné, la bouche
moyenne, le menton court et arrondi). Au premier
abord, il paraissait froid et peu communicatif. Il
ne pouvait en être autrement chez un homme

dont l'esprit était continuellement absorbé par la
pensée ou par l'étude de quelque grave question.
Lui avait-on donné un sujet de conversation,
aussitôt son visage, auparavant si austère, s'épa-
nouissait, et le conseil, l'explication demandée,
ne se faisait pas attendre. C'est en termes clairs,
précis et appuyés de raisons solides, que le bon
évêque traçait la ligne de conduite à suivre, tout
en laissant à chacun une entière liberté de se
ranger ou non à sa manière de voir. Ce grand
esprit de tolérance l'a fait comparer par les
Anglais au cardinal Manning. Aussi, dans toutes
les questions relatives au bien-être général des
Birmans, ses avis furent-ils toujours suivis à la
lettre par le gouvernement lui-même. Le premier,
il émit l'opinion que les fonctions des religieux
bouddhistes étaient plutôt celles d'éducateurs de
la jeunesse que de prêtres voués à la propagation
de la religion de Gaudama. Son opinion a servi
de base au système actuel de l'instruction publique
en Birmanie.

Loin de la capitale et des affaires, Monseigneur
était un tout autre homme. Dans l'intimité avec
ses missionnaires et les chrétiens, sa conversation
était des plus agréables. Il révélait les trésors
d'une bonté vraiment paternelle par sa grande
condescendance, particulièrement envers les
petits et les faibles, par une amitié forte et
durable avec les autres. C'est ainsi que les prêtres
indigènes furent toujours traités par lui en enfants
privilégiés.

Apôtre zélé, écrivain de marque, diplomate

habile, éducateur hors ligne, Mgr Bigandet joi-
gnait à toutes ces qualités une sainteté éprouvée
qui consistait plutôt en un grand esprit de foi
qu'en dévotions minutieuses. Levé tous les jours,
même dans son âge avancé, à quatre heures et
demie, il fut constamment fidèle à l'exercice de
la méditation et à la préparation à la sainte
Messe, qu'il célébrait ordinairement dans la chapelle des Sœurs de Rangoon. Rentré à huit
heures, il se livrait à l'étude ou à sa nombreuse
correspondance, recevait les visiteurs, et sous cè
rapport, son hospitalité était parfaite.

La porte de la résidence et même de sa
chambre était ouverte à tout le monde. Il se
faisait tout à tous, au pauvre comme au riche, à
l'étranger comme à ses ouailles. Vers quatre
heures du soir, Monseigneur sortait de nouveau
pour entendre les confessions des religieuses et
des enfants et enseigner le catéchisme. De retour
à six heures, on le voyait jusqu'au moment du
dîner entièrement occupé à ses exercices de piété.
Sa pauvreté n'était pas moins admirable. Ayant
à sa disposition de fortes sommes d'argent,
l'évêque de Ramatha a mis en pratique toute sa
vie et au plus haut degré, cet esprit de pauvreté
qui sied si bien à l'homme apostolique. Les pertes
considérables d'argent qu'il eut plus d'une fois à
subir parurent ne faire aucune impression sur
cette âme fortement trempée et entièrement déta-
chée des biens du monde. Sa demeure était un
palais plutôt apostolique qu'épiscopal, où l'on
remarquait un vieux bureau, un bois de lit plus

vieux encore et quelques chaises ordinaires ; il ne voulut jamais se procurer une « easy-chair », chaise longue qu'il appelait « lazy-chair », ou chaise bonne pour les paresseux. Ses vêtements étaient également pauvres, et sans les soins des bonnes religieuses, il eût volontiers poussé la pauvreté jusqu'aux dernières limites.

Grâce à cette sage économie dans le maniement des ressources, il put faire face à des dépenses énormes, qui, dans d'autres mains, auraient vite épuisé un budget plus considérable. S'il a reçu beaucoup, il a aussi beaucoup dépensé, et Dieu seul connait les misères qu'il a soulagées, spé-cialement dans l'asile de vieillards infirmes qu'il fonda à l'occasion de ses noces d'or, comme aussi le nombre d'orphelins qu'il a sauvés de la pau-vreté et du vice. Celui qui passait pour riche, n'a laissé en mourant que la somme modique de 2,000 roupies. De lui, comme de l'homme juste de nos saints livres, on peut dire : *Dispersit, dedit pauperibus ; justitia ejus manet in sœculum sœculi ; cornu ejus exaltabitur in gloria.*

Oui, ô Père bien-aimé, le souvenir de vos ver-tus apostoliques demeurera à jamais impérissable dans cette mission de Birmanie que, selon les paroles de votre digne successeur, « vous avez » empreinte du sceau de votre grand cœur et de » votre génie. » Véritable émule de saint Paul, votre patron et votre modèle, vous nous laissez vos exemples et vos leçons. Puissions-nous mar-cher sur vos traces et nous rendre de plus en plus dignes de notre vocation et de vous. Du haut du

ciel, où nous aimons à vous contempler, n'oubliez
pas ceux qui furent et demeurent toujours vos
enfants. Là-haut, plus encore qu'au milieu de
nous, daignez vous montrer toujours, selon les
expressions du poète de votre jubilé sacerdotal,
l'Apôtre de la Birmanie.

> *Birmaniæ diceris Apostolus, hocque*
> *Nomen habes jam nunc, posteritasque dabit.*

L'heure était venue pour l'illustre doyen de la
Société des Missions-Étrangères, de recevoir la
récompense promise au bon serviteur. Il sentait
sa fin approcher et voulut confier sa Mission à un
prélat digne de continuer son œuvre. En 1893, il
sacra évêque de Limyre un de ses missionnaires,
P. Cardot, et le prit pour coadjurer avec future
succession. « Ce fut un jour de joie pour tout le
» monde, écrivait le vieil évêque dans son dernier
» compte-rendu de la Mission, mais très particu-
» lièrement pour moi ; car je me disais que dé-
» sormais je pourrais dormir tranquille quand
» il plairait à Dieu de m'appeler à lui. »

« Depuis plusieurs mois, écrit Mgr Cardot, les
» forces de Mgr Bigandet diminuaient visible-
» ment. En novembre dernier, il lui avait été
» impossible de présider les exercices de la re-
» traite annuelle des missionnaires, et, depuis,
» il souffrait de fréquentes indispositions. »

« Vers la fin de février, il voulut aller visiter
» Mergui, qu'il avait évangélisé au début de sa
» carrière apostolique. Ce devait être sa dernière
» visite pastorale. Contre l'ordinaire, il revint de

» ce voyage plus fatigué qu'il n'était en partant. »

Il se remit cependant à son travail de chaque jour avec son énergie habituelle, et rien ne faisait prévoir que sa fin fût si proche. Le mercredi 14 mars, il entendit encore un bon nombre de confessions, et il parut très fatigué. Le lendemain matin, il ne put se lever; il avait une fièvre très forte et respirait difficilement. Le docteur, appelé, constata un commencement de pneumonie. Tout espoir de sauver le cher et vénéré malade était perdu. On l'avertit de son état, et avec le plus grand calme d'esprit, il se prépara aux derniers sacrements en pleine connaissance et avec les sentiments de la foi la plus vive. Depuis ce moment, il ne parlait aux missionnaires qui l'assistaient qu'à de rares intervalles. Mais presque continuellement ses lèvres murmuraient des prières dont on saisissait par moments quelques mots. Il expira le lundi 19 mars, fête de saint Joseph, à midi précis, sans agonie apparente, au milieu des larmes de tous les confrères présents.

Dans ses dernières années, à la retraite annuelle, il ne manquait jamais de s'appliquer lui-même les paroles de saint Paul à Timothée : *Ego jam dilabor, et tempus resolutionis meæ instat.* Dès qu'il nous eut quittés, nous pouvions continuer le texte pour lui : *Bonum certamen certavi, fidem servavi, in reliquo reposita est mihi corona justitiæ.*

« Je n'essaierai pas de dire, ajoute Mgr Cardot, » combien nous ressentons la perte que nous » avons faite. Mgr Bigandet nous semblait si né-

» cessaire à cette mission qu'il a fondée et gou-
» vernée pendant de longues années, que nous ne
» pûmes nous faire à la triste réalité de ne plus
» le voir au milieu de nous. Malgré son grand
» âge, nous espérions le garder quelques années
» encore. Nous avions tant besoin de son expé-
» rience, de l'exemple de ses vertus et de sa
» grande influence dans ce pays. Moi plus que
» tout autre, j'ai bien le droit de le pleurer. Je
» ne pensais guère, en juin dernier, quand je fus
» sacré par lui comme coadjuteur, que j'aurais
» si tôt à déplorer la perte de celui que j'appelais
» mon père, et pour lequel j'avais l'affection la
» plus sincère. J'aurais désiré me mûrir sous sa
» direction, pour apprendre à porter la lourde
» charge de vicaire apostolique qui vient de m'in-
» comber. Notre-Seigneur en a disposé autre-
» ment, que sa sainte volonté soit faite !

« Les funérailles de Mgr Bigandet furent un
» vrai triomphe. On y voyait le gouverneur de la
» Birmanie, les autorités civiles, l'évêque angli-
» can et plusieurs ministres, enfin une foule de
» toutes races, de tous pays et de toutes reli-
» gions, qu'on a évaluée à plus de 20,000 per-
» sonnes. Sa mort est non seulement une perte
» pour nous, mais pour le pays tout entier. Il
» était aimé et estimé de tous; aussi tous pren-
» nent-ils part à notre deuil. »

Le P. DE LA BRUNIÈRE

MISSIONNAIRE EN MANDCHOURIE, MASSACRÉ EN 1846.

En 1841, un jeune prêtre, fils d'une riche famille parisienne, ancien étudiant en médecine, quittait la France pour le lointain pays de Mandchourie; il se nommait Maxime de la Brunière.

Quelques mois plus tard il mettait le pied sur le sol étranger en compagnie d'un missionnaire destiné pour la Corée. et immédiatement tous les deux étaint entourés par les douaniers d'un poste voisin.

Un rassemblement se forme, les douaniers interrogent les étrangers, et veulent les entraîner, tandis que la foule gesticule, crie, hurle sans savoir pourquoi, uniquement parce qu'elle est la foule et qu'elle trouve l'occasion excellente de faire du tapage.

A toutes les questions, le P. de la Brunière répond :

« Je suis un étranger, je n'entends pas bien votre langage qui est tout différent de celui du Kiang-nan, laissez-moi tranquille, je ne veux pas vous parler. »

Mais le silence et la consternation des chrétiens qui accompagnent les missionnaires les trahisssent. Cependant un des deux élèves coréens, emmenés par le P. Maistre, « plein de feu et d'esprit, fait un long discours aux assaillants, il leur reproche d'être venus à eux comme à des voleurs, de les avoir perdus de réputation, d'avoir insulté des hommes inoffensifs. » Ce discours rétablit quelque calme ; à cet instant d'indécision, arrive un homme accompagné d'un domestique.

« Il paraissait fort inquiet à notre sujet, dit le P. de la Brunière. A la réception que lui firent les satellites, on pouvait juger qu'il était considéré dans le pays ; il prit la place du Coréen, parla, gesticula, et cria avec tant de force, que les douaniers lâchèrent leur proie.

» J'étais bien curieux de savoir qui était notre libérateur. Quelle fut ma surprise lorsque j'appris qu'il était idolâtre, et qu'il ignorait entièrement notre qualité d'Européens ! mais nous lui avions été recommandés par notre catéchiste qui était son ami.

» Après un tel vacarme, nos guides n'avaient presque plus l'usage de leurs facultés, ils ne pensaient plus, ne voyaient plus. Bref, au lieu de nous conduire au char qui nous attendait à quelque distance, ils se trompèrent de route et nous promenèrent au hasard pendant près de deux heures sur un grand chemin, couvert de piétons et de voitures, au risque d'être à chaque pas reconnus. »

Enfin la voiture fut retrouvée, et au grand trot

de leurs mules, les missionnaires partirent dans
la direction de Yan–kouan où ils trouvèrent
l'évêque Mgr Verrolles, vicaire apostolique de la
Mandchourie. »

*
* *

En 1845 le P. de la Brunière s'enfonçait plus
avant vers le nord, exposant en ces termes la
raison de son aventureuse expédition :

« L'année dernière, me trouvant libre de toute
administration, et comprenant, d'ailleurs, que
Leao–tong, par sa situation politique et l'extrême
timidité des chrétiens, serait longtemps une
prison où nos efforts seraient considérablement
entravés, je crus qu'il fallait chercher un champ
plus vaste, une carrière plus indépendante à
notre apostolat. »

Le 15 juillet, il prit la direction du nord-est et,
après sept jours de marche, parvint à Acheheu,
cité nouvelle, formée par les émigrations in-
cessantes des Chinois en Mandchourie et en
Mongolie.

Il reçut l'hospitalité chez un riche païen, ami
des catholiques qui s'efforça de le dissuader de
son entreprise, lui représentant les troupes de
tigres et d'ours qui remplissaient ces déserts, et
dans sa narration, il poussait parfois des cris si
véhéments que les deux guides en pâlissaient
d'horreur. Déjà un peu habitué aux figures de la
réthorique chinoise, le P. de la Brunière le remercia de sa sollicitude, « en l'assurant que la chair
des Européens avait un goût si particulier, que les

tigres de Mandchourie n'oseraient jamais y porter la dent. » La réponse n'était point faite pour rassurer tout le monde.

A huit lieues d'Acheheu, le pays jusqu'alors assez peuplé, fait place tout à coup à un immense désert qui ne se termine qu'à la mer orientale. Un seul chemin le traverse, couduisant à Sang-sing, petite ville sur la rive droite du Soungari.

Les forêts de chênes, d'ormes et de sapins qui bordent partout l'horizon, l'herbe touffue parfois haute de deux mètres annoncent la fertilité d'une terre neuve que la main de l'homme n'a pas encore touchée. « De dix en dix lieues, vous trouvez une ou deux cabanes, sortes d'auberges établies par les mandarins pour les courriers du gouvernement, et qui logent également les autres étrangers. » La route était pénible ; les moustiques, les guêpes et les taons s'acharnaient sur les voyageurs qui durent marcher de nuit : c'était le moyen de se débarrasser des guêpes et des taons, mais les moustiques étaient plus nombreux ; les voyageurs imitèrent les indigènes et se couvrirent la tête et le cou d'un masque de forte toile percé de deux trous à la hauteur des yeux.

Une autre difficulté surgit : d'immenses marais interceptaient la route et forçaient à des détours de trois ou quatre lieues.

Appliquant partout l'axiome que la ligne droite est le plus court chemin d'un point à un autre, le P. de la Brunière passait à gué, ne se doutant pas que pareille imprudence l'exposait à la mort. Il fallut pour lui inspirer moins de témérité, qu'il s'enfonçât une fois jusqu'aux aisselles à cent pas du bord.

Après dix-neuf jours de marche, le soir du 4 août, les voyageurs aperçurent les murs et les maisons en planches de sapin de Sang-sing, ville de cinq à six mille habitants, « qui n'offre de remarquable qu'une grande rue pavée en larges pièces de bois, épaisses de six pouces et assemblées avec assez de précision. »

Elle était l'extrême limite que tout voyageur chinois ou mandchou n'a pas le droit de franchir, sous peine de punition grave pour infraction aux lois de l'Etat.

Chaque année, les tribus des Longs-Poils et des Peaux-de-Poisson viennent apporter aux mandarins de Sang-sing, des fourrures de martres, de zibelines, de tigres, d'ours, etc., en échange de pièces de toile.

Le P. de la Brunière arriva dans cette ville pendant qu'ils y séjournaient. Il put causer longuement avec eux et obtenir des renseignements sur le pays qu'il devait parcourir, et les peuplades qu'il comptait rencontrer,

Après avoir acheté les provisions nécessaires et renvoyé au Leao-tong un des deux chrétiens « que le morceau de route précédent rendait fort peu curieux de voir le reste », il partit pour Sou-sou, un des villages sauvages les plus considérables.

En chemin, il fut rejoint par deux cavaliers, un mandarin militaire, suivi d'un officier subalterne en tournée d'inspection.

Ils s'arrêtèrent, descendirent de cheval et saluèrent l'étranger. Après avoir échangé quelques mots, tous s'assirent sur l'herbe, allumèrent leur pipe, et la conversation s'engagea. Ignorant à qui il avait affaire, intimidé par l'air martial du missionnaire, le mandarin s'adressa au chrétien, afin de savoir de lui le sujet de cette excursion sur un terrain sévèrement prohibé.

Celui-ci était prévenu, et sa réponse était prête.

— Je ne suis qu'un homme simple, un pauvre laboureur, dit-il, j'accompagne mon maître sans connaître les affaires importantes qui l'amènent dans cette contrée. »

Ces paroles intriguèrent le mandarin, qui soupçonna l'étranger d'être un envoyé ministériel, chargé d'examiner l'état du pays et la conduite des employés.

Se tournant alors vers le P. de la Brunière avec un redoublement de prévenances, il lui demanda son nom, sa province natale, les productions du midi de l'empire, l'état du commerce, etc., mais respectueux observateur de la discrétion chinoise, il ne glissa pas un mot pour savoir quelle était sa mission.

Deux heures s'écoulèrent ainsi au milieu de la grande plaine qui servait de salon, puis le mandarin prit congé en indiquant à l'inconnu la route de Sou-sou.

L'indication était précise, et le lendemain, de bonne heure, le missionnaire se reposait dans la cabane d'un Yu-pi-ta-tze.

Sa venue jeta quelque émoi parmi les Tartares;

sa figure qui leur semblait étrange, ses vêtements
décelant un personnage de haut rang, son bréviaire, son crucifix inspirèrent les conjectures les
plus fantaisistes.

De petits cadaux offerts aux notables du village
facilitèrent bientôt les rapports; en tout pays,
les petits cadeaux font naître l'amitié ou l'entretiennent; là-bas ils permirent au missionnaire
de parler de l'Evangile.

Les auditeurs trouvaient la religion belle, mais
sa nouveauté les effrayait, et aussi le prédicateur
inconnu.

Le P. de la Brunière était depuis quatre jours à
Sou-sou, lorsqu'un incident, dans lequel il vit
l'amabilité de la Providence, l'éleva singulière-
ment dans l'estime des Yu-pi-ta-tze.

Assis au bord de la rivière, il devisait tranquil-
lement avec des pêcheurs, qui se morfondaient à
ne rien prendre et, découragés, ramassaient leurs
longues lignes pour retourner chez eux, lorsqu'il
eut la pensée de pêcher lui-même.

— Voyons, fit-il, vous n'y entendez rien, don-
nez-moi une de ces lignes.

Les pêcheurs sourirent, incrédules, mais le
laissèrent faire. Il jeta l'hameçon dix pas plus
loin, et immédiatement un gros poisson mordit.

L'admiration fut générale.

— Cet inconnu, disaient entre eux les Yu-pi-
ta-tze, possède des secrets que n'ont pas les autres
hommes, et toutefois il n'est pas méchant.

Le soir, au souper, les questions se multiplièrent
sur la merveilleuse capture, tous voulaient savoir

CHERCHEURS DE JEN-SEN

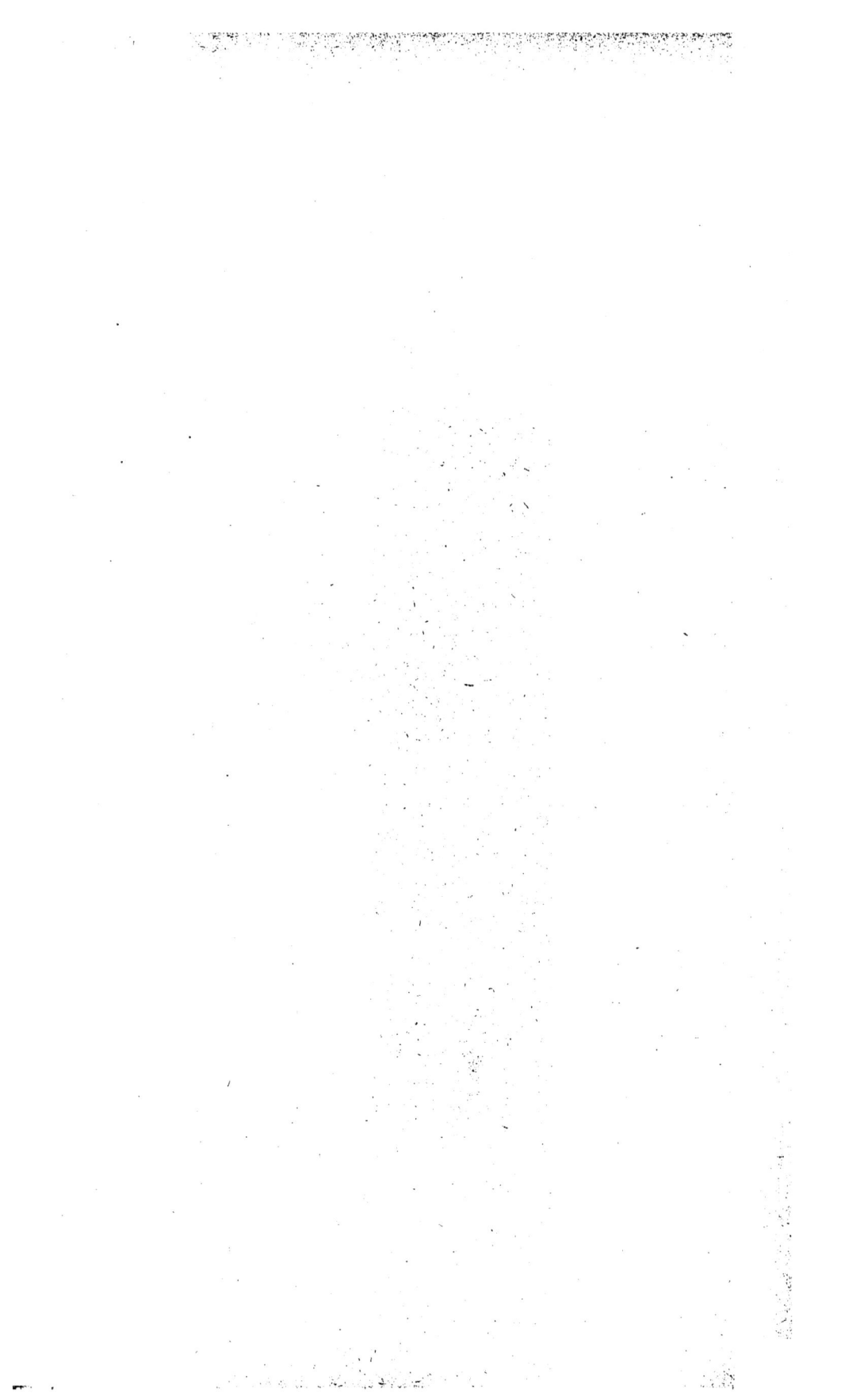

le secret de l'étranger. Sans donner de réponse, celui-ci se contenta de leur demander :

— Croyez-vous à l'enfer ?

— Oui, répondirent trois ou quatre des plus instruits, nous croyons à l'enfer comme les bonzes de San-sing.

— Avez-vous quelque moyen de l'éviter ?

— Nous n'y avons jamais songé.

— Eh ! bien, j'ai un secret infaillible, en vertu duquel on devient plus puissant que tous les mauvais esprits et l'on va droit au ciel.

Le premier secret donnait créance au second ; ainsi la divine Providence disposait suavement les choses.

Le lendemain, trois longues barbes du village paraissent dans sa chambre, armés d'un pot d'eau-de-vie et de quatre verres.

— Votre secret, disent-ils, a de terribles conséquences. Si notre importunité ne vous blesse pas, nous voulons savoir en quoi il consiste. Commençons par boire.

Les Yu-pi-ta-tze et les tribus voisines ne traitent aucune affaire à jeun. Il prétendent que rien n'éclaircit les idées et ne facilite l'accord, comme un verre d'eau-de-vie présenté au bon moment.

Le missionnaire acquiesça à l'invitation, puis il commença à développer ce qu'il appelait son secret, en expliquant le dogme de la chûte primitive, de l'enfer, du salut apporté par Jésus-Christ, et de l'application des mérites du Sauveur par les sacrements.

Les assistants écoutaient, mais buvaient plus

encore, se versant rasade sur rasade, si bien qu'ils devinrent rapidement... incapables de rien comprendre.

Le missionnaire dut cesser ses explications; toutefois, il était en assez grand crédit, on lui donna une maison spacieuse dont le propriétaire venait de mourir, et on se mit à lui enseigner l'idiome des Yu-pi-ta-tze qui ressemble fort au mandchou.

Une semaine s'était écoulée, lorsque parurent deux mandarins chinois, accompagnés de vingt soldats, venant réclamer l'impôt.

Les Tartares craignirent que la présence de l'étranger ne les compromît, et après entente avec lui, le dénoncèrent comme un inconnu, qui, malgré leur résistance, avait exigé l'hospitalité. Aussitôt un officier, suivi de sept ou huit soldats, se rendit à la maison du P. de la Brunière, et après les premiers compliments d'usage, il lui demanda quelles affaires l'amenaient dans un pays dont les lois défendaient sévèrement l'entrée.

— Mes affaires, répondit le missionnaire, ne m'appellent pas seulement à Sou-sou : je dois aller plus loin et pousser jusqu'à l'Ossouri.

Ce ton d'assurance en imposa à l'officier qui n'osa poursuivre ses investigations, accepta une tasse de thé et se retira, en invitant l'étranger à visiter son bateau.

Refuser eût éveillé les soupçons, le P. de la Brunière s'empressa de se rendre à la barque du mandarin, qui le reçut avec les démonstrations de joyeuse amabilité :

— Votre prononciation vous fait assez connaître, lui dit-il, vous êtes du Midi.

— Je viens de Canton.

— En ce cas, je suis charmé de faire votre connaissance ; les hommes des provinces méridionales ont l'œil pénétrant, vous savez certainement ce que ces montagnes renferment de trésors.

Faisant, comme lui-même le dit, allusion à son sacerdoce, le missionnaire répliqua :

— Mandarin, il y a six ans, je découvris un trésor tel que je ne sens plus le besoin d'en chercher d'autres. J'en jouirai toute ma vie et au-delà.

Quelques détails insignifiants terminèrent l'entretien, et le prêtre se retira.

Cependant la présence d'un étranger, dont on ne connaissait ni le nom ni la situation, gênait le collecteur dans sa réclamation des impôts qu'il augmentait de lourdes exactions, il ne tarda pas à le faire sentir ; et craignant de laisser découvrir son identité, le P. de la Brunière retourna à Sang-sing, où un mahométan lui donna l'hospitalité. Il y fut bientôt surveillé par un employé supérieur du grand mandarin intrigué du secret dont il s'entourait.

L'espion se présenta le soir, à la dérobée et sans insignes, espérant, par des questions captieuses, arriver à savoir la vérité ; l'entretien dura une heure et se renouvela plusieurs fois, sans succès pour l'employé qui partit aussi riche d'éclaircissements qu'il était venu.

Mais ces visites répétées avaient alarmé le mahométan, qui fit à son hôte quelques interrogations sur la durée de son séjour chez lui.

Le missionnaire jugea qu'il était temps de s'éloigner, et après avoir pris des renseignements sur le chemin suivi par les marchands de jen-sen de San—sing à l'Ossouri, il fit ses préparatifs de départ et se mit en route le 1ᵉʳ septembre 1845.

Il avait acheté « une mule, une petite marmite en fer, une hache, deux écuelles, un boisseau de millet et quelques galettes. »

La distance, avant d'arriver au fleuve, était de 120 lieues qu'il mit quinze jours à franchir, « sans autre lit que la terre, sans autre abri que le ciel, » coupant des arbres pour allumer les feux nécessaires contre le froid et le tigre, faisant sa cuisine en plein vent, quand il pouvait, car, arrivé à trente lieues de l'Ossouri, l'eau devint si rare qu'il « dut comme les oiseaux du ciel, manger le millet cru. »

Enfin vers le soir du 14 septembre, il était sur les bords du fleuve, à quarante lieues au nord du lac Hinka (Tahou). Il reçut l'hospitalité des Chinois, et, avec l'un d'eux, descendit l'Ossouri pendant vingt—quatre lieues, jusqu'à une misérable cabane, sorte de relai fréquenté par tous les voyageurs, et située à dix lieues du confluent de l'Ossouri avec le Saghalien ; le paysage de forêts et de grandes herbes était sauvage, et attristé par la solitude qui l'enveloppait, l'apôtre laissa échapper ce cri d'angoisse dans une lettre aux directeurs du Séminaire des Missions Etrangères :

« Vous dirai-je, Messieurs, de quel étonnement je fus saisi, et combien mon cœur se serra douloureusement à la vue de cette terre où mes yeux inquiets, cherchant des hommes, ne trouvaient partout qu'une morne solitude et un silence de mort? Et dans les quelques individus qu'il m'a été donné d'y voir, à peine ai-je rencontré des hommes. »

La maison, où il s'était arrêté, appartenait à un Chinois originaire du Chan-tong, chef d'une dizaine d'hommes, que, pendant six mois de l'année, il employait à chercher le jen-sen sur les montagnes et à travers les forêts.

L'hôte reçut l'étranger selon toutes les formes compliquées de la politesse du Céleste Empire. Mais quand il apprit sa qualité de prêtre catholique, alors se vérifièrent les paroles du divin Maître : « Vous serez insulté à cause de moi (1), » il l'injuria, le maudit, le menaça ; ses compagnons et ses domestiques l'imitèrent.

Un seul enseignement du missionnaire avait momentanément le pouvoir d'arrêter les injures et de dompter les colères : l'enfer, les tourments éternels. Devant cet au delà terrible qu'évoquait l'apôtre, les païens se taisaient, curieux et alarmés.

— Ces discours, disaient-ils à demi-voix, troublent et attristent le cœur ; parlons des choses que l'œil voit, qui sait ce qu'il y a dans cet avenir? Ne cherchons pas à pénétrer ce mystère.

« J'étais là depuis une quinzaine de jours, continue le missionnaire, lorsqu'un étrange accident vint faire diversion à nos conférences. C'était vers

(1) Saint Luc, 13, 16.

le milieu d'octobre. Les arbres déjà nus et les
hautes herbes desséchées et jaunies annonçaient
l'approche des grands froids. Sur le midi, parut
à l'horizon, au-dessus des forêts, un nuage immense qui bientôt intercepta la lumière du soleil.
Aussitôt tous se précipitent hors de la maison en
criant : Au feu, au feu! On s'arme de haches, on
détruit toute la végétation qui avoisine la demeure;
les herbes sont brûlées et les arbres traînés dans
la rivière. Cette précaution nous sauva. Déjà le
nuage s'est rapproché, il s'ouvre et nous laisse
voir le foyer d'un furieux incendie, aussi rapide
dans sa course qu'un cheval lancé au galop. L'atmosphère éprouvait des secousses dont la violence
me semble comparable au déchaînement d'une
tempête. Les flammes, presque aussitôt arrivées
qu'aperçues, passèrent à quelques pas de nous
et s'enfoncèrent comme un trait dans les forêts
du nord, nous laissant dans une morne consternation, quoique nous n'eussions fait aucune
perte. Ces incendies, assez fréquents dans le pays,
sont dûs à des chasseurs venus des bords de
l'Amour, qui ne trouvent pas de moyen plus
commode pour forcer le gibier à quitter sa retraite. »

L'incident fut assez vite oublié, et les conver-
sations sur la religion furent reprises; au dire de
tous, le Décalogue était impossible à pratiquer.
Si fausse qu'elle soit, cette réflexion a été faite
bien souvent même par nos baptisés, mais elle
étonne moins sur les lèvres des habitants des
bords de l'Ossouri, environ deux cents Chinois

qui, à l'exception de deux véritables marchands, étaient des vagabonds, des assassins, des voleurs de grand chemin, que le crime et la crainte des supplices avaient forcés de s'expatrier dans ces déserts, placés hors de l'atteinte des lois.

« Ces hommes, misérables dans tout leur être, n'ont ici d'autre moyen de sustenter leur vie que de se livrer avec d'incroyables fatigues à la recherche du jen-sen. Figurez-vous un malheureux porte-faix, chargé de plus de quatre-vingts livres, s'aventurant sans chemin à travers d'immenses forêts, gravissant ou descendant nombre de montagnes, toujours seul avec lui-même, seul avec la maladie qui peut l'atteindre, ignorant si aujourd'hui ou demain il échappera aux dents des bêtes féroces qui abondent autour de lui, nourri de la graine de millet qu'il porte et de quelques herbes sauvages pour assaisonnement; et cela pendant cinq mois de l'année, c'est-à-dire depuis la fin d'avril jusqu'à la fin de septembre; tel est le fidèle portrait d'un chercheur de jen-sen. Malheur à lui, s'il a oublié de monter souvent à la cime des grands arbres pour reconnaître le pays, et jeter comme des jalons qui dirigent sûrement ses pas! Il erre pour ne plus se retrouver, et désormais on n'entendra plus parler de lui. Combien périssent ainsi, et trouvent au désert le châtiment qu'ils avaient mérité dans leur patrie. »

Après avoir parlé du sort des chercheurs de jen-sen, le P. de la Brunière décrit la plante, ses vertus bienfaisantes que lui-même expérimenta, en l'employant contre une atonie d'estomac qui fut rapidement guérie ; il en envoya quelques graines en Europe avec l'indication du mode de culture ; mais à cette plante précieuse, il fallait pour germer et grandir les forêts mandchoues, le sol de la France ne lui convenait point.

Bientôt fatigués des prédications du prêtre, les Chinois lui intimèrent l'ordre de quitter la maison.

L'apôtre demanda asile aux Yu-pi-ta-tze, qui, au nombre d'environ cinq cents habitaient ces parages, tantôt solitaires dans des cabanes éloignées, tantôt agglomérés dans de petits hameaux.

Les Tartares refusèrent, et le missionnaire fut réduit à demeurer, « pendant quatre mois, dans une cahute abandonnée, où, écrivait-il, j'ai goûté pour la première fois de ma vie, le bonheur de la solitude. Là, je célèbre le saint sacrifice, afin que la présence sacrée de Jésus-Christ sanctifie ces lieux encore tout profanes. »

Ce fut ainsi qu'il passa l'hiver de 1846, attendant la fonte des glaces pour marcher en avant, comme lui-même le disait dans une lettre véritablement apostolique écrite aux Directeurs du Séminaire des Missions Étrangères.

« Vers le 12 ou le 15 du mois de mai, j'achèterai, s'il plaît à Dieu, une petite barque, sur laquelle je compte descendre l'Amour jusqu'à la mer et visiter les Longs-poils. J'irai seul, puisque personne n'ose me conduire, et que mon compagnon, pauvre chrétien du Leao-tong, retourne dans ses foyers, malade de terreur et de mélan-

colie. Je sens bien, et tous le disent ici, qu'il me
sera difficile d'éviter les barques mandarines qui,
de San-sing, descendent dans le grand fleuve;
mais s'il est dans la volonté de Dieu que j'arrive
là où j'ai le dessein d'aller, son bras peut aplanir
tous les obstacles et m'y conduire sûrement; et
s'il lui plaît que j'en revienne, il saura bien me
ramener. Quel que soit cet avenir, aller en avant
me semble, dans la circonstance présente, le seul
devoir du missionnaire qui, dans la prière que
l'Église lui impose, dit souvent des lèvres et du
cœur les paroles du sacré Cantique : *Si dedero
somnum oculis meis, et palpebris meis dormitationem,
et requiem temporibus meis, donec inveniam locum
Domino, tabernaculum Deo Jacob.* « Je ne donnerai
ni sommeil à mes yeux, ni assoupissement à mes
paupières, ni repos à mes tempes, jusqu'à ce que
j'aie trouvé un lieu au Seigneur, un tabernacle au
Dieu de Jacob (1). »

Ces paroles, éclatantes d'esprit apostolique, furent les dernières écrites par M. de la Brunière,
puissent-elles être un jour gravées sur son tombeau, quand les Tartares qu'il voulait évangéliser
auront courbé leur front devant la croix triom-
phante !

Deux années s'écoulèrent et l'on n'entendit plus
parler de lui.

Mgr Verrolles envoya des courriers, qui se
rendirent jusqu'à San-sing où ils apprirent qu'un
étranger avait été massacré sur les bords du
Saghalein.

(1) Ps. 131.

Cet étranger était-il le P. de la Brunière? Personne ne le savait avec certitude, mais effrayés de
ces bruits, les courriers revinrent sur leurs pas,
porteurs de l'attristante nouvelle. Mgr Verrolles
avait prévu ce résultat, et gardant toujours au
fond du cœur l'espoir de revoir M. de la Brunière,
tout au moins le désir de connaître exactement
son sort, il avait prié M. Vénault d'aller à la
découverte, si les chrétiens échouaient dans leurs
recherches.

Le rude missionnaire, qui parcourait depuis
plusieurs années toutes les paroisses petites et
grandes de l'extrême Nord, n'avait eu garde de
reculer devant l'expédition périlleuse qui lui était
proposée.

Pour éviter les postes militaires établis au
confluent du Soungari et du Hei-Long et chargés
d'empêcher toute communication entre San-
sing et le pays de Hei-kin, il se dirigea vers
l'Ossouri, attendit pendant deux mois le dégel
dans les cabanes des chercheurs de jen-sen,
puis il acheta un petit bateau fait d'écorce
d'arbre, long de vingt-cinq pieds et large de
deux. Il choisit pour pilote un Mandchou païen
qu'il paya dix taels d'argent (environ quatre-
vingt-dix francs) par mois; il lui mit en main le
gouvernail, prit la rame ainsi que les chrétiens
qui l'accompagnaient, et, dans cet équipage som-
maire, partit pour le pays des Longs-Poils (31
avril 1851).

Dès le troisième jour, le pilote fit des difficultés
pour continuer la route. Les chercheurs de jen-sen

lui avaient raconté nombre d'absurdités sur le
compte de M. Vénault.

« C'était, lui avaient-ils dit, un Russe, chef d'une
armée qu'il allait rejoindre, pour venir à sa tête
piller le pays, un sorcier capable de faire mourir
un homme par un seul acte de sa volonté. » Tous
ces dires l'avaient indisposé, il le fut bien davantage, lorsqu'arrivé à Hai-tsing-tyu-kiang, il entendit les marchands de bois et les pêcheurs de
saumons raconter avec quelle férocité les Longs-
Poils avaient massacré un étranger dont ils igno-
raient le nom, mais dans lequel il était facile de
reconnaître M. de la Brunière. Son caractère naturellement irascible s'exaspéra sous l'empire de
ses terreurs, et craignant qu'il ne s'enfuît, M. Vénault lui adjoignit un second pilote.

« Hélas! s'écrie le missionnaire en rappelant
cette précaution, au lieu d'un diable, j'en eus deux
acharnés à me tourmenter; pas un jour, pas une
heure qu'ils ne nous fissent quelques scènes, mais
de ces scènes sataniques dont on ne peut se figurer
la millième partie. Dire un mot n'eut servi qu'à les
irriter davantage, et pouvait faire manquer un
voyage utile à la gloire de Dieu et au salut
des âmes : je gardais donc le silence, souffrant
aussi patiemment qu'il m'était possible toutes les
avanies. »

A Aki, premier village des Longs-Poils, il
rencontra des pêcheurs et des marchands qui
descendaient le Saghalien et se rendaient à l'île
Tarrakaï.

Craignant que le voyage du missionnaire ne

nuisît à leurs affaires, ceux-ci s'efforcèrent de
l'en détourner et épuisèrent toutes les richesses
de leur rhétorique pour lui raconter la mort de
M. de la Brunière et lui expliquer qu'il subirait le
même sort.

A leurs observations, M. Vénault se contentait
de répondre :

— Ne crains pas, j'irai à la mer et j'en revien-
drai, et toi aussi.

Cependant ses compagnons, pilotes et bateliers,
étaient loin de partager son assurance.

A Poulo, en face d'Ouc-tou, le pilote refusa de
le suivre; les autres bateliers ne disaient rien,
mais il était facile de voir sur leurs traits que leur
courage défaillait; la rencontre inespérée d'un
jeune homme, qui consentit à les accompagner,
moyennant dix taels, ranima un peu leur
vaillance, et les voyageurs entrèrent sur le territoire de la tribu des Kilimis appelés également
Ghiliacks.

A peine avaient-ils fait cinquante lieues, qu'un
nouveau sujet de terreur arrêta leur marche. On
les avertit que le village de Hou-tong, le premier
qu'ils allaient atteindre avait été le théâtre du
massacre de M. de la Brunière, et qu'un peu plus
haut, huit barques les attendaient pour leur faire
subir le même sort.

« Mes hommes refusèrent tous d'aller plus loin,
raconte M. Vénault; je cherchai un interprète qui
comprit la langue des *Kilimis*, et l'envoyai avec
trois de mes compagnons, pour s'assurer
de ce qui se passait, et prendre des informations

précises sur notre confrère. Ils mirent six jours à cette expédition. Les deux hommes que j'avais gardés avec moi, augurant mal d'une si longue absence, allaient me laisser là et s'enfuir, lorsque j'aperçus venir à nous deux *Kouaï-mà* (esquifs, ainsi appelés, parce qu'ils glissent sur l'eau avec la vitesse d'un coursier). Ils me ramenaient ma députation mouillée, trempée jusqu'aux os. Les malheureux, dans la joie du bon succès de leur mission, avaient bu outre mesure, puis s'étaient battus et culbutés dans le fleuve. Enfin ils étaient revenus, m'apportant la triste nouvelle que M. de la Brunière avait, en effet, été massacré, et, pour preuve, ils me remettaient une partie des objets enlevés sur sa barque par ceux qui lui avaient donné la mort. »

Le triste événement pressenti depuis plusieurs années était donc vrai ; le missionnaire avait été victime de son courage ; et d'après M. Vénault et M. Weber, un Polonais habitant Nicolaïevsk, qui plus tard, mû par un sentiment de pitié, fit une enquête sur ce drame sanglant, voici dans quelles circonstances le meurtre avait été commis.

L'arrivée du missionnaire avait fort surpris les Kilimis ; l'ignorance de la langue et l'absence d'interprète laissèrent le champ ouvert à toutes les conjectures. La principale tenait son origine d'une légende, transmise dans la population depuis deux siècles.

Le Sibérien Kabarov, avait en 1650, posté à Waite quelques-uns de ses compagnons ; ceux-ci avaient été surpris pendant leur sommeil par les Kilimis, et massacrés.

Plus tard, un des devins de la tribu prédit que quand l'arbre, témoin du crime, tomberait, les Sibériens reviendraient venger ce meurtre. On s'attendait donc à voir reparaître les étrangers, et l'on soupçonna que le P. de la Brunière était l'un d'eux envoyé en éclaireur.

Le faire disparaître sembla le moyen le plus sûr pour éviter l'arrivée des autres. Un conseil général, tenu par tous les jeunes Kilimis, s'était prononcé pour la mort, lorsque parmi les vieillards encore indécis, le plus âgé fit observer que l'arbre étant debout, la conjecture était aussi fausse que la résolution détestable, et qu'il ne fallait pas frapper un étranger innocent, car c'était un crime propre à attirer sur la tribu les plus grands malheurs. La parole du veillard fut écoutée.

Témoin muet de ces sauvages débats, que les gestes ou les regards des orateurs lui expliquaient sans doute suffisamment, le P. de la Brunière, soit pour faire diversion, soit pour adoucir les cœurs, manifesta le désir d'acheter une paire de sandales; il la paya de pièces d'argent françaises et de médailles. Poussés par l'appât du gain, plusieurs Kilimis lui apportèrent aussitôt d'autres sandales qu'il paya de même. Tant de générosité dissipa la crainte, et inspira l'admiration des sauvages, qui se disposèrent à fêter la présence de l'étranger.

Dans la crainte de voir cette bienveillance subite disparaître plus subitement encore. Le P. de la

Brunière remonta sur sa barque et repartit. Mais à peine avait-il donné quelques coups de rame, qu'un vent très fort, soulevant les flots, le ramena au rivage. Il descendit à terre à quelques centaines de pas en aval de Waite.

A ce moment arrivèrent d'un hameau voisin six Kilimis, auxquels leurs compatriotes parlèrent de l'étranger.

Leurs réflexions sinistres firent oublier les sages observations du vieillard, et les jeunes gens revinrent à leur projet de meurtre. Six d'entre eux, avec les six nouveaux venus, se mirent à la recherche du missionnaire. Ils le trouvèrent retiré derrière une roche solitaire, à genoux, récitant son bréviaire, en levant de temps en temps son regard vers le ciel. Cette humble et touchante posture d'un homme parlant à Dieu, leur causa une telle impression de respect, qu'ils n'osèrent le frapper; ils se contentèrent de le considérer attentivement jusqu'à ce qu'ils l'eussent vu baiser et fermer son livre, faire un signe de croix, se relever et monter dans sa barque.

Ils le suivirent alors, et d'après M. Weber, l'un d'eux s'assit en face de lui, et lui montrant des sandales, il lui indiqua son désir de les vendre. Sur le refus de P. de la Brunière de les acheter, il lui demanda sa hachette, et sur un nouveau refus, il s'en empara et voulut s'élancer hors de la barque. Le missionnaire le saisit par le bras, mais à ce moment même, il reçut du Kilimi, debout derrière lui, un coup de poignard dans les reins ; il lâcha prise, et le voleur, se retournant, lui asséna

6

sur la tête un coup de hachette. Les dix autres
se ruèrent alors sur lui et le percèrent de coups
de poignard.

Ensuite ils lancèrent la barque au large, l'aban-
donnèrent au courant du fleuve, dépouillèrent le
cadavre de ses vêtements qu'ils se partagèrent,
le transportèrent dans un îlot voisin et le cachè-
rent sous un tas de pierres, de branches et de
feuillages, que l'inondation emporta un mois plus
tard.

Selon M. Vénault, les Kilimis ne frappèrent
pas le missionnaire de leur poignard, ils le cri-
blèrent de flèches.

Lorsque les Russes vinrent à Waite et apprirent ce meurtre, ils dressèrent une croix sur l'îlot
qu'ils nommèrent : Ostrov-oubienni (île du massacré) que connaissent et saluent avec respect
tous les voyageurs sibériens.

M. Vénault rencontra plusieurs enfants portant, comme parure, des médailles et de petites
croix enlevées au missionnaire martyr ; l'argent
avait été converti en pendants d'oreilles dont se
paraient les femmes.

« Celui des meurtriers que mes hommes ont vu,
raconte-t-il, paraissait repentant : il rapporta de
lui-même ce qui lui restait de sa part de dé-
pouilles, savoir : un ornement, une pierre sacrée,
une burette d'argent, les débris d'un thermomètre
et de deux boussoles. Outre cette restitution, mes
délégués, de concert avec trois chefs de villages
kilimis, imposèrent une amende à l'assassin, qui
l'accepta sans trop de difficulté ; elle consistait

en cinq marmites, deux hallebardes, deux mang-
pao (habits brodés et de différentes couleurs, tels
qu'en portent les mandarins), un habit de peau,
une pièce de satin et un sabre. Les deux hallebardes doivent rester entre les mains des interprètes, comme monument de la paix conclue
entre nous et le meurtrier. Ces objets ayant été
livrés à mes députés, en présence des trois chefs
de villages, on signa un acte de réconciliation
dont une copie a été remise aux Kilimis et une
autre à moi. En voici la traduction :

« En l'année trentième de l'empereur Tao-
kouang, les nommés *Iuen-Ouen-Ming* (M. Vénault) et *Tchen-Fou-Tchou* (un des chrétiens) étant
venus demander satisfaction d'un meurtre commis en la vingt-sixième année, sur la personne
d'un missionnaire appelé *Pao* (nom du P. de la
Brunière), par des hommes des trois villages
Arckong, Sieuloin et *Hou-Tong,* la paix a été faite
de part et d'autre. Les susdits villages s'engagent
à ne nuire désormais en aucune façon aux missionnaires qui viendront, soit en barque pendant l'été, soit en traîneau dans l'hiver, mais à
les traiter comme des frères. Les parents et
amis du prêtre *Pao*, de leur côté, promettent de
ne tirer aucune vengeance de l'assassinat commis la vingt-sixième année de Tao-kouang.
Mais comme la parole s'efface et s'oublie, acte
de ces engagements a été rédigé par les deux
parties, en présence des interprètes qui demeurent chargés de veiller à ce qu'ils soient
exécutés.

Ont signé :

« Les témoins : *Tchen-Fou-Tchou* et *Jang-Chouen;*

« Les interprètes : *San-In-Ho* et *I-Tou-Nou* du village *Ngao-Lai; Tien-I-Tee-Nou* et *Jü-Tee-Nou* de *Kian-Pan; Hou-Pou* et *Si-Nou* de *Hou-tong.* »

M. Vénault avait rempli sa mission, il n'avait point l'autorisation de séjourner parmi les Kilimis; car ne voulant pas exposer un second missionnaire chez les tribus sauvages du Saghalien, Mgr Verrolles lui avait donné l'ordre formel de revenir aussitôt qu'il connaîtrait la vérité sur le sort du P. de la Brunière; il revint donc au sud de la Mandchourie redire la triste vérité que l'on racontait depuis si longtemps.

Le P. Charles RENOU

MISSIONNAIRE AU THIBET

Le P. Charles-René Renou naquit à Vernantes, le 22 août 1812, de Charles Renou et de Justine Bigarré. Il appartenait à une famille d'honnêtes artisans; son père pouvait à peine subvenir aux besoins des siens par son travail quotidien. Aussi le modeste ménage avait-il à lutter souvent contre la gêne. L'enfance de Renou se passa à Vernantes; nous n'avons pu nous procurer que de rares renseignements sur ses premières années; la plupart de ses contemporains sont descendus dans la tombe. Nous savons seulement qu'il reçut de l'abbé Gros, vicaire de la paroisse, les notions de l'instruction élémentaire et qu'il se distinguait par sa piété. Après le départ de l'abbé Gros, grâce à la protection de quelques amis généreux, il alla continuer ses études au collège de Doué-la-Fontaine. Survint la révolution de 1830; le collège fut fermé. Renou alla à Combrée, où, sous la direction de pieux ecclésiastiques, il compléta ses humanités et se prépara au sacerdoce qui avait toujours été le but constant de ses désirs. Sa foi

ardente l'avait déjà fait remarquer. Aussi, au
sortir du collège de Combrée s'empressa–t–il
d'entrer au séminaire d'Angers.

Il n'entre pas dans le cadre que nous nous
sommes imposé de raconter la vie que M. Renou
mena au séminaire. Nous nous bornerons à dire
qu'il se destinait à l'existence calme et paisible
du prêtre desservant une paroisse, lorsqu'un événement imprévu vint changer sa résolution. Renou
venait de recevoir le diaconat, lorsqu'il tomba
dangereusement malade. Il fit alors le vœu que si
le ciel lui accordait sa guérison, il partirait pour
les missions lointaines. A peine rétabli, il n'a
qu'une pensée : tenir sa promesse. Il n'écoute ni
ses parents ni ses amis et, le 14 septembre 1836,
il venait frapper à la porte des Missions Étrangères ; le 20 mai 1837, il était ordonné prêtre.
Pendant son séjour à Paris, il sut utilement employer les loisirs que lui laissaient ses études
théologiques. Il était entré en rapport avec un
Angevin, M. Foucaux, professeur au collège de
France, et dans les relations qu'il entretenait avec
l'illustre orientaliste, il s'attachait à connaître
l'Extrême-Orient et à se préparer au rôle qu'il
allait jouer en Chine et au Thibet. L'élève faisait
honneur au maître et ce dernier pouvait déjà prévoir tout ce que son disciple allait accomplir.

Le moment du départ ne devait pas tarder à
venir ; quelques mois après avoir été ordonné
prêtre, en 1837, M. Renou quittait la France qu'il ne
devait plus revoir et recevait l'ordre de se rendre
en Chine. Le poste qui lui avait été assigné était

au Sé-Tchouan, l'une des provinces les plus importantes de l'empire chinois. Actuellement sa
population s'élève à 68,000,000 d'habitants et l'on y
compte à peine 80,000 chrétiens. A l'époque où
nous nous reportons, le nombre des fidèles était
insignifiant, aussi le chef de la mission, Mgr Perocheau, avait-il mainte occasion de montrer son
dévouement et son activité. Le P. Renou était pour
lui un précieux auxiliaire. Des études fortes et va-
riées, un caractère prudent et ferme, un courage
indomptable, une santé robuste et une belle pres-
tance qui imposait le respect, telles étaient les
qualités qui soutenaient son zèle et ses autres
vertus. A peine arrivé au Sé-Tchouan, il s'adonna
à l'étude de la langue chinoise, dont il avait appris
les premières notions avec M. Foucaux, et, grâce
à ses efforts et à son aptitude, il arriva assez rapidement à la parler et à l'écrire correctement.
Mgr Perocheau l'avait bientôt remarqué et, voyant
ce dont il était capable, il l'avait envoyé dans une
des parties les plus reculées de la province, dans
le district de Tsong-Kin-Tchéou, tout près de la
frontière thibétaine. M. Renou passa près de dix ans
au Sé-Tchouan, et durant cette longue période,
il remplit son apostolat avec l'ardeur dont il était
capable. Rien ne faisait prévoir un changement
dans sa vie de missionnaire, lorsqu'en 1847, il
reçut l'ordre de quitter sa chrétienté et de se
rendre au Thibet. Un bref de Grégoire XVI, du
29 mars 1846, détachait le Thibet de l'évêché de
Betsaïda et érigeait un vicariat apostolique à
L'Hassa. Mgr Perocheau s'était empressé de dé-

signer le P. Renou comme l'un de ceux qui
devaient apporter un concours des plus utiles et,
pour la réussite de l'œuvre de Saint-Siège, il était
difficile de faire un meilleur choix.

Le Thibet, encore aujourd'hui l'un des pays les
moins connus, mais l'un des plus intéressants,
occupe en Asie une situation analogue à celle de
la Suisse en Europe ; il est suspendu au massif
himalayen comme les cantons helvétiques au
massif alpin. Mais les Alpes asiatiques sont bien
plus hautes que les Alpes européennes et l'altitude du Thibet est de beaucoup supérieure à celle
de la Suisse. Certaines de ses montagnes attei-
gnent près de 9,000 mètres d'altitude. Le système
orographique comprend trois chaînes parallèles
qui sont coupées par une chaîne transversale et
forment au centre un vaste plateau à peu près
inexploré. De ce massif s'échappent de puissants
cours d'eau se déversant au sud, à l'est et à l'ouest.
A l'ouest, c'est l'Indus ; au sud, le Gange, la
Djemmah, le Tsang-bo, que l'on suppose être le
Brahmapoutre ; à l'ouest, le Yang-Tsé-Kiang, « le
fleuve Bleu », le Lan-Tsan, qui devient le Mé-
Kong, le fleuve du Cambodge et le Hoang-Ho « le
fleuve Jaune ». Les lacs sont nombreux et remarquables par leur profondeur et leur grandeur ;
quelques-uns ont vingt-cinq à trente lieues de
tour. Si l'on considère le Thibet dans son ensemble, c'est un pays sillonné par de hautes montagnes qui alternent avec de profondes vallées.
La plupart des cours d'eau y sont des torrents
impétueux. De tous les côtés l'on voit des cimes

neigeuses. L'air y est froid, sec, et d'une grande
pureté. Les hivers sont longs et rigoureux et le
pays est sous la neige une grande partie de l'année,
si bien que les Thibétains se plaisent à donner à
leur pays le nom de Kha—va—Tchan « pays de la
neige. »

Au point de vue des richesses minérales, le
Thibet ne laisse rien à désirer. L'on y trouve de
l'or, de l'argent, du fer, du cuivre, du zinc, du
mercure, du cobalt, du sel, du soufre, du salpêtre.
Le règne animal est richement représenté. Les
chevaux, les ânes, les mulets, les bœufs, les
vaches, les porcs, les chiens se distinguent par
leur petitesse. Il en est de même du mouton,
remarquable par la finesse de sa laine, et qui
présente cette particularité d'avoir la tête noire
et la queue très large. Les antilopes forment de
nombreux troupeaux, ainsi que le daim et l'hé-
mione. L'on y trouve des ours bruns et jaunes,
des léopards, des loups ; à part la volaille, les
oiseaux de tout genre pullulent et les rivières sont
très poissonneuses. Sous le rapport du règne
végétal, le Thibet est moins bien partagé. Si l'on
y rencontre d'abondants pâturages, la rudesse
du climat fait qu'il y a peu d'arbres et que la
culture est fort restreinte. La principale est l'orge.
Le froment est aussi cultivé, mais sur une moins
grande échelle. Le riz ne croît pas et y est im-
porté. Quelques légumes, tels que les pois, le
navet, le radis, l'ail, l'oignon donnent lieu à une
culture assez étendue. Dans certaines vallées
méridionales, l'on trouve quelques fruits, des

noix, des pêches, et enfin, pour terminer cet
aperçu, n'oublions pas que la garance et la rhu-
barbe sont fort répandues dans toute la région
thibétaine.

Jadis le Thibet était indépendant ; en 1723, il
fut envahi et conquis par les Chinois. Les empe-
reurs réunirent d'importants territoires aux
provinces limitrophes, principalement à celle du
Su-Tchouen. Le reste du pays fut laissé indépendant, sous la suzeraineté de la cour de Péking ;
quoique très réduit, le Thibet présente encore
une étendue considérable. On évalue sa superficie
à 17,000,000 de kilomètres carrés, c'est-à-dire cinq
fois la France. Cependant la population n'est pas
considérable : on l'estime tout au plus à dix millions d'habitants. Quelques géographes ne lui
en donnent même que cinq à six.

Les habitants du Thibet appartiennent, pour les
deux tiers, à la race thibétaine qui se distingue
par une taille moyenne, une forte carrure, une
tête rectangulaire, des cheveux noirs, des yeux
étroits et horizontaux, un nez un peu proéminent,
des pommettes saillantes, un bouche bien fendue
et un teint basané. Les hommes ont la barbe peu
fournie. En outre, l'on trouve au Thibet des
Mongols, des Turcs, des Chinois et même des
Hindous, mais ces derniers n'y constituent que
des colonies encore peu importantes.

L'état social de la population est assez rudi-
mentaire ; une partie est nomade. Les Thibétains
sédentaires habitent des maisons construites
généralement en pierres, à plusieurs étages ; le

rez-de-chaussée est réservé aux animaux. Le toit
est plat, l'escalier est en bois et fort grossier, il n'y
a pas de cheminées ; le feu est allumé au milieu de
la chambre et la fumée s'échappe par les fenêtres.
Le bois est très rare ; le combustible dont on se sert
le plus souvent est la fiente des animaux que l'on
ramasse et que l'on fait sécher. Les ustensiles sont
fort incommodes et les sièges à peu près inconnus.
L'on a l'habitude de s'asseoir par terre sur des
peaux de bêtes. Du reste, les Thibétains, pour les
métiers les plus primitifs, sont obligés de s'adresser aux Chinois. Pour les hommes comme pour
les femmes, le costume se compose de robes en
peaux de mouton dont la laine est en dedans. Le
principal aliment est le « Tsam-pa ». L'on appelle
ainsi des grains d'orge grillés, puis réduits en
une farine qu'on détrempe et qu'on pétrit dans
du thé beurré et salé. La viande, ordinairement
du mouton, est presque un luxe. On la mange
crue. Le thé sert de boisson ; cependant l'on
consomme une liqueur fermentée faite avec de
l'orge ou avec du lait aigri.

L'industrie est pour ainsi dire nulle au Thibet.
Les pagodes sont construites sans ordre et sans
goût. Un pont de pierre est une exception et la
plupart du temps, les rives d'un fleuve sont
réunies par un pont de cordes. La charpenterie,
la maçonnerie, la menuiserie sont en quelque
sorte le monopole des Chinois. Néanmoins, les
Thibétains savent travailler le cuivre ; ils fa-
briquent des armes, des instruments de musique,
avec assez d'habileté, et réussissent fort bien dans

les métiers de fondeurs de métaux et de teinturiers. Il n'en est pas de même en ce qui concerne l'agriculture. Les instruments aratoires sont des plus primitifs et il est rare de trouver un jardin bien entretenu. Le commerce se réduit à peu de chose. Les principaux objets d'exportation sont l'or, le cuivre, le sel, les laines, les bois de cerf, le musc, les peaux d'animaux. Les importations consistent en cotonnades, en soieries, en porcelaines de Chine, en pierres précieuses de l'Inde, en draperies de Russie et d'Angleterre : le thé donne lieu à un trafic assez considérable. Le Thibétain est de sa nature négociant, mais l'esprit d'association, si vivace en Chine, lui fait complètement défaut. Aussi ne peut-il rivaliser avec le Chinois et est-il forcément obligé d'avoir recours à son intermédiaire.

Il y a, au Thibet, deux religions; l'une ancienne, primitive, appelée la religion de « Bon », paraît consister dans le culte des bons et des mauvais génies et diverses pratiques de sorcellerie; l'autre, plus récente, « le Bouddhisme », a été apportée de l'Inde au viie siècle. C'est au Thibet, dans un monastère situé à une demi-lieue de L'Hassa, que réside le chef du Bouddhisme, le « Dalaï-lama » qui, au pouvoir spirituel, joint le pouvoir temporel. Il est vrai que ce dernier pouvoir se réduit à peu de chose. Si, en droit, le Dalaï-lama est souverain du Thibet, en fait il délègue ses attributions politiques à des subalternes qui deviennent de plus en plus des instruments dociles aux mains des mandarins chinois. De plus, depuis le xviie siècle, le Dalaï-lama n'est plus le seul pontife du Thibet ; dans la province de Tsang, au monastère de Tachiloumpo, réside un autre pontife, le Pan-Tchen-Rin-po-tche (joyau des savants), qui est presque l'égal du premier dans le domaine spirituel. Autrefois un conflit religieux s'est produit ; ne pourrait-il pas se renouveler un jour et occasionner dans le Bouddhisme une révolution dont on ne pourrait prévoir toutes les conséquences.

Tel était le pays où le P. Renou devait aller porter l'Évangile. Il n'était pas le premier missionnaire qui pénétrait dans le Thibet. Dès les premières années du xviie siècle, les Jésuites avaient envoyé plusieurs de leurs religieux dans cette contrée à peu près ignorée, Leurs efforts avaient été multiples et ils seraient parvenus à ouvrir le Thibet à la civilisation, sans l'hostilité de la cour de Péking. Exilés et chassés de l'empire, ils avaient été arrêtés sur la route qu'ils commençaient à suivre. Il était réservé à notre compatriote d'y porter de nouveau l'Evangile.

Sitôt qu'il avait été muni des instructions de son vicaire apostolique, le P. Renou était parti et s'était rendu à Ta-Tsien-lou, ville mi-chinoise mi-thibétaine, située sur la grande route qui va à L'Hassa. Ta-Tsien-lou est sur le territoire thibétain, mais au lieu de relever de l'autorité temporelle du Dalaï-lama, cette cité est la capitale de la principauté de Kiola. Le voisinage de Su-Tchouen pouvait faire croire au P. Renou qu'il n'avait pas encore changé de diocèse. Du reste, il ne perd pas un seul instant ; il achève promptement ses préparatifs de voyage, achète quelques marchandises afin de se faire passer pour un commerçant et d'avoir le moyen de subvenir à ses dépenses, prend un passeport et s'avance avec autant de gaîté que de résolution vers l'intérieur du pays, sans autre escorte que quelques serviteurs dévoués.

Un voyage au Thibet est particulièrement dur. Le confort y est inconnu Il n'y a pas d'hôtels. Le voyageur qui arrive dans une ville est obligé de trouver une ou deux chambres à louer, à moins qu'un ami ne lui offre l'hospitalité. Dans les campagnes, on est reçu avec plus ou moins d'empressement ou de générosité, suivant la qualité que l'on a ou les relations qui peuvent exister entre le voyageur et l'habitant. Souvent l'on est obligé de camper et de marcher durant plusieurs jours sans rencontrer le moindre village. Les vivres sont rares et l'on est exposé à subir parfois des jeûnes rigoureux. Tous ces obstacles ne pouvaient arrêter le P. Renou qui travaillait pour le bon Dieu.

Son voyage fut des plus rapides. Son but était de se rendre à L'Hassa et dans cette intention, il avait traversé les principautés de Kiola, de Lythang, de Bathang, les gouvernements de Kiang-Ka, de Tchraya et était arrivé à Tcha-Mou-To ; il était à plus de trente journées de marche dans l'intérieur et se berçait de l'espoir de pénétrer dans la ville sainte du Bouddhisme. Il n'avait rencontré aucun obstacle sérieux et il lui était permis d'avoir quelques illusions. Malheureu-

sement elles devaient être de courte durée.
L'Européen avait été reconnu sous l'habit chinois : on lui prêtait des intentions plus ou moins
compromettantes pour le salut de l'Empire et le
mandarin qui commandait le pays le faisait
surveiller avec soin. Le P. Renou se doutait de ce
qui se passait et voulait précipiter son départ
pour L'Hassa. Mais au moment où il allait monter
à cheval pour se mettre en route, des émissaires
du mandarin l'entourent et le somment de se
présenter à la barre du tribunal.

— Très bien, répond le P. Renou sans se
déconcerter, laissez-moi le temps de m'habiller
et je vous suis.

Quand il arrive au prétoire, le mandarin siège
déjà et juge d'autres affaires. Au lieu de s'arrêter
dans la salle d'attente, le P. Renou passe gravement au milieu de la foule, s'approche du fauteuil
du mandarin, salue selon toutes les prescriptions
des convenances chinoises, demande très poliment
pourquoi on le fait appeler, puis ne trouvant pas
de siège, il s'en va, sans plus de cérémonie,
s'accouder sur le bureau en face du mandarin.
Ce dernier parut surpris, mais comprit bien vite
qu'il n'avait pas affaire à un personnage ordinaire,
et que l'intimidation était inutile.

— Je n'ai rien à vous reprocher, répondit-il au
missionnaire, mais tant de bruits courent sur
vous que je désire les faire cesser en vous demandant qui vous êtes?

— Je suis Européen.

— Que venez-vous faire dans ce pays?

— Prêcher la religion du Seigneur du Ciel.

— Qui vous l'a permis, où est votre passeport?

— Le voici.

— Comment vous nommez-vous?

— Charles-René-Alexis Renou, né à Vernantes, arrondissement de Baugé, département de Maine-et-Loire, France.

Tous ces *r*, rondement articulés en français avec quelque peu de malice, firent une singulière impression sur l'oreille du mandarin qui n'en avait jamais entendu et était incapable, en sa qualité de Chinois, de prononcer cette lettre que, de nos jours, les sujets du Céleste Empire rendent tant bien que mal par la lettre *l*.

— Bien, bien, dit-il, aujourd'hui je suis très pressé; je n'ai pas le temps de vous entendre. Veuillez retourner à votre demeure, mais je vous défends de continuer votre voyage avant que nous n'ayons une nouvelle entrevue, dans quelques jours.

Le P. Renou salua, revint à son logement en se disant : je suis prisonnier, inutile d'insister, mais tâchons de rendre la position moins pénible et mettons à profit tout le temps qu'il faudra perdre dans cette ville.

Quelques jours après, le missionnaire était reçu comme un hôte distingué, non plus au prétoire, mais dans la chambre du mandarin qui lui offrit une tasse de thé et lui expliqua longuement, en ayant l'air de s'excuser, la dure nécessité où il était d'en référer à ses supérieurs, les légats de L'Hassa, à la décision desquels il fau-

drait bien se soumettre. Le P. Renou comprenait
parfaitement la portée de toutes ces belles paroles.
Au lieu de discuter inutilement, il se contenta de
répondre :

— Je sais que vous avez bon cœur, faites votre

THIBÉTAIN

devoir; vous savez que je n'ai fait de mal à personne, j'espère que votre écrit sera convenable.

— Oh! certainement, d'ailleurs je ne l'enverrai
pas sans vous le montrer, reprend le mandarin.

Et prenant son pinceau, il se met en devoir

7

d'écrire les nom, prénoms et patrie de l'étranger.
Le missionnaire s'amusa d'abord de son em-
barras, puis il fut obligé de lui indiquer lui-même
les caractères chinois qui rendraient le moins
mal possible ces noms hérissés d'r. L'écrit était
fort élogieux ; il fut envoyé sur-le-champ à
L'Hassa et cependant la réponse se fit attendre
près de deux mois.

L'apôtre mit à profit ce long retard. Chaque
jour, il consacrait de longues heures à étudier le
thibétain, à recevoir de nombreuses visites, à
prendre des renseignements sur la géographie,
l'administration, les coutumes et la religion du
pays ; il rédigeait ses notes et faisait quelques
promenades dans les environs, car, dans sa captivité, il demeurait libre. Enfin la réponse arriva.
Le prêtre devait être reconduit à Canton avec des
honneurs capables de donner une haute idée de
la générosité chinoise envers les étrangers. Il se
mit donc en route avec une escorte qui devait le
surveiller, mais dont il sut exiger les honneurs
promis. Au moment où il traversait une des premières villes chinoises, un de ces anciens chrétiens jeta à la dérobée un petit billet dans le palanquin. Ce billet disait qu'un grand mandarin
français nommé La-Ki-ly venait de conclure un
traité avec le Céleste Empire. Quel était ce La-
Kily ? Ce ne fut qu'en arrivant à Canton que le
P. Renou apprit qu'il s'agissait de M. de Lagre-
née. Le mandarin qui commandait à Tchen-Tou
était Ki-Chan, celui-là même qui avait fait
expulser de L'Hassa les PP. Hue et Gobat. Le

P. Renou lui demanda d'être conduit à Péking.

Le mandarin y consentit sans difficulté, mais en même temps, il donna l'ordre secret à l'escorte d'honneur de faire reprendre au prisonnier le chemin de Canton; après un ou deux jours de marche, quand le P. Renou s'en aperçut, il était trop tard.

Son arrivée fut fêtée à Canton par toute la population européenne, sans distinction de nationalité. Non seulement il eut à recevoir des félicitations, mais surtout il eut à donner de nombreux renseignements sur son voyage, détails qui intéressèrent vivement les diplomates et les commerçants si désireux de connaître l'intérieur de l'empire chinois. Le voyage du missionnaire fut un véritable événement dans le monde géographique. Les frontières du Thibet, ce pays jusqu'alors mystérieux, avaient été forcées et cet honneur revenait à un Français.

Le P. Renou resta près de trois ans à Canton, occupé de l'administration de la chrétienté dans cette ville et aux environs. Le Thibet cependant n'était pas oublié. Les rapports du P. Renou avaient attiré l'attention et, à la cour de Rome, l'on s'occupait d'organiser la mission. Il avait été décidé que trois tentatives seraient faites simultanément pour pénétrer dans cette région, par le Boutan, l'Assam et la Chine.

Dans le courant de l'année 1851, notre missionnaire quittait Canton pour retourner au Thibet. Pendant trois années, il avait eu le temps d'étudier et de mûrir son projet. Aussi était-il bien décidé à ne plus tenter la voie du Su-Tchouan et de Ta-Tsien-lou, trop exposé à la surveillance chinoise, mais à prendre celle du Yun-nan. Il espérait qu'en remontant l'un des grands fleuves qui descendent du Thibet dans cette province, il atteindrait la frontière et pourrait s'y fixer. Il entrevoyait déjà le moment où il pourrait prendre pied sur le sol thibétain. Son entreprise était difficile. La frontière thibétaine était inconnue; le Yun-nan était en grande partie inexploré et les Musulmans, encore en armes contre l'empereur de Chine, sillonnaient le pays de nombreuses bandes et rendaient les campagnes à peu près inaccessibles.

Le P. Renou traversa toute la Chine du sud à l'ouest et, au mois de février 1852, il arrivait à Ta-So-lo, séjour de Mgr Chauveau, coadjuteur du Yun-nan depuis 1850 et supérieur de la partie occidentale de la province qui lui donna tous les renseignements désirables sur le nord de la province. Il apprit qu'au delà de la région connue sous le nom de pays des Mosso, il y avait des populations thibétaines, mais il ignorait où elles commençaient; si elles appartenaient au Thibet proprement dit ou si elles n'étaient pas fixées sur les territoires dépendant jadis du Thibet, mais qui, depuis la conquête chinoise, avaient été directement rattachées aux possessions de la cour de Péking. Toutes ces questions préoccupaient avec raison notre missionnaire, il ne perdit pas un instant pour les éclaircir; pourvu de guides fidèles, d'une petite pacotille et d'une faible somme d'argent, il prit la route du nord et, en

suivant la rive droite du Kin-che-King, il arriva
à Ly-Kiang, ville bien déchue, qui jadis avait été
la capitale du royaume des Mosso. De là, pous-
sant encore plus au nord, il passa à La–Spou, où
il acheta un petit terrain mais ne s'y arrêta que
quelques jours. Revenant ensuite sur les bords
même du fleuve, il parvint à Pong-Tse-Ra, où se
trouve un pont de cordes qui conduit à Tchong-
Tsen, vaste pays au nord–est du Kin-Cha-Kiang,
peuplé de Thibétains et de Chinois et dépendant
directement de la cour de Péking. A Pong–Tse-
Ra, le P. Renou apprit qu'à une petite journée de
marche dans la direction de l'ouest, il y avait un
célèbre monastère bouddhique nommé Teun-
Djrou–Ling; il résolut de s'y rendre dans l'espérance de trouver des renseignements sur la frontière du Thibet. Le lendemain, il était à la porte
d'une lamaserie peuplée de cinq cents religieux
thibétains, et qui, en même temps, était un centre
commercial, le rendez–vous des marchands qui
trafiquaient de la Chine avec cette partie du
Thibet.

On a souvent parlé des lamas et jusqu'à ces derniers temps, l'on a vécu à leur égard dans une
profonde ignorance. Grâce aux missionnaires,
nous sommes à peu près renseignés. A proprement parler, le Bouddhisme n'a pas de prêtres;
il divise les hommes en deux classes, ceux qui
renoncent à tout pour chercher la perfection et
ceux qui, ne cherchant pas la perfection, jouissent
des biens de ce monde. La première classe se
compose d'ascètes isolés ou vivant en société, et

constitue ce que nous appelons, mais à tort, le
clergé. Elle est largement représentée au Thibet,
puisque les Thibétains disent qu'ils comptent
quatre-vingt mille prêtres. Ce chiffre nous semble
un peu exagéré; néanmoins la proportion des
moines thibétains est considérable, puisque la
ville de l'Hassa en possède à elle seule près de
vingt mille,

Les moines thibétains sont connus sous le nom
de lamas; il y en a qui vivent dans une retraite
absolue au sommet d'une montagne, dans quelque
caverne, n'en sortent que rarement et reçoivent
leur nourriture au moyen d'un panier attaché à
une corde. Quelques-uns vivent chez eux et ont la
faculté de se marier; d'autres ne se fixent nulle
part et voyagent. Toutefois le plus grand nombre
habite des édifices construits par eux, véritables
couvents appelés en thibétain « Gon-pa » ou
« Tchas–dé » et que l'on désigne communément
sous le nom de lamaseries. Un monastère se
compose soit d'une grande maison, soit d'une
réunion d'édifices. Au centre, se trouve le temple
rempli d'images et de peintures et pourvu d'une
bibliothèque. Outre les cellules des religieux, il y
a une salle de réunion, un magasin d'approvision-
nements et parfois une imprimerie. Le monastère est ordinairement entouré de jardins cultivés
par les moines ou par des ouvriers, aux gages de
la confrérie. Le costume religieux se compose
d'une tunique sans manches, d'un pantalon, d'une
robe, et d'un manteau que retient une pièce de
laine longue et étroite, couvrant l'épaule gauche.

Les chaussures sont des bottes en feutre et la coiffure, un bonnet en feutre ou en toile, de forme conique ou double. La couleur du vêtement et surtout du bonnet, diffère selon la secte. Les deux principales sont les lamas jaunes et les lamas rouges. Bouddha avait prescrit les habits jaunes à ses disciples, mais peu à peu l'habillement des religieux avait pris une teinte rougeâtre et de plus un grand relâchement s'était introduit dans les mœurs. Au commencement du xviie siècle, un réformateur, Tsong-Ko-pa, fit refleurir l'ancienne discipline et donna, cette marque distinctive de ce retour aux enseignements de Bouddha, le retour à la couleur jaune dans l'habillement des moines. La secte jaune domine au Thibet, mais il y est resté certains adeptes de la secte rouge qui s'est surtout conservée au Népaul et au Boutan.

La lamaserie où le P. Renou était venu frapper appartenait à la secte jaune; son supérieur, le *Bouddha* vivant, était Lo-Djrou, homme instruit, parlant un peu le chinois, et très considéré dans le pays. Le P. Renou, qui se donnait pour un marchand chinois, alla le saluer et lui demanda l'autorisation de passer quelques jours dans l'enceinte du monastère. La permission fut de suite accordée. Le lendemain, le faux marchand faisait étaler ses marchandises et chargeait son serviteur de les offrir à des prix fabuleux afin d'amener des discussions et de gagner du temps. En même temps, il causait avec les lamas et principalement avec leur supérieur, Lo-Djrou. Parmi les

objets exposés se trouvait une belle longue-vue;
Lo–Djrou désirait l'acquérir, et dans ce but il en
offrit un bon prix. Le missionnaire refusa de
vendre l'objet tant désiré par le lama, mais à la
fin, vaincu par ses importunités, il lui offrit de lui
faire cadeau de cette lunette s'il voulait lui apprendre le thibétain pendant six mois. Lo–Djrou
accepta le marché avec joie et, en même temps,
il donnait l'ordre de préparer une cellule à côté
de la sienne pour le nouvel écolier.

Notre compatriote avait pu pénétrer dans une
lamaserie, y prendre pied, et c'était pour lui un
véritable succès. Grâce à son déguisement, il allait s'initier à la vie des moines thibétains, s'ins-
truire dans leur littérature. Dès le lendemain de
la prise de possession de sa cellule, les leçons
commençaient. Lo-Djrou était plein de complai-
sance pour son élève et ce dernier montrait un
zèle et une attention bien faite pour encourager
le professeur. Pour ne pas se trahir, le prêtre
était obligé d'écrire en caractère chinois les cours
que lui faisait le lama. La nuit venue, quand personne ne pouvait l'apercevoir, il les traduisait en
français. C'est encore pendant la nuit qu'il pouvait lire son bréviaire et, de temps en temps,
célébrer la messe. Pendant son séjour à la lamaserie, c'est-à-dire pendant près de dix mois,
le P. Renou ne perdit pas un instant; il parvint à
s'exprimer couramment en thibétain, s'instruisit
dans la littérature et rassembla les matériaux
d'un *Dictionnaire* thibétain–français–latin qui,
comparé à celui de Csoma, a été reconnu exact

et a servi à compléter celui du savant hongrois.

Pendant son séjour à la lamaserie, il se procurait de nombreux renseignements sur le Thibet, ses frontières, ses montagnes, ses cours d'eau, par les fréquents entretiens qu'il avait avec les lamas et les étrangers qui venait visiter le monastère. Il s'applaudissait du parti qu'il avait pris de vivre au milieu des moines thibétains, lorsqu'un événement fortuit vint contrarier ses projets. Son séjour à la lamaserie était devenu l'objet de nombreux commentaires ; l'éveil avait été donné et l'on se demandait comment un Chinois pouvait se donner tant de peine pour apprendre la langue du Thibet ; de plus, le peu de soin qu'il apportait à son commerce faisait supposer que le négoce ne devait pas être le but qu'il se proposait ; son intelligence et sa vie irréprochable n'étaient pas mises en doute ; aussi le bruit se répandit que ce prétendu marchand devait être un grand personnage chargé d'une mission secrète par la cour de Péking, envoyé probablement pour connaître l'état de la province et surveiller l'administration des mandarins. La rumeur eut bientôt forgé toutes sortes d'histoires et les espions se succédèrent afin de voir l'hôte des lamas et de deviner quel il pouvait être.

Le P. Renou craignait d'être reconnu pour Européen ; en même temps il ne voulait pas exposer les lamas à quelque désagrément ; aussi, un matin, alors que rien ne pouvait indiquer sa résolution, il fit ses adieux au supérieur du monastère, à Lo–Djrou, et le remercia de son hospitalité en

lui abandonnant la plus grande partie de sa pacotille. Puis il reprit en toute hâte le chemin du
Yunnan où il arriva sain et sauf avec un précieux
trésor de notes et de renseignements.

Le missionnaire était loin d'être découragé ; la
connaissance qu'il avait acquise de la langue thibétaine redoublait son zéle. Il resta à Ta-so-lo,
près de Mgr Chauveau, le temps de se reposer de
son voyage et bientôt il se mettait de nouveau en
route; il reprit la route de Ly-Kiang et de cette ville
se dirigea vers l'ouest en suivant la route de la
montagne, traversa le plateau de Ly-ty-pin et arriva à la ville de Oui-sy, dont la population est très
mélangée de Chinois et de Mossos. Il descendit
ensuite la petite rivière qui va se jeter dans le Lan-
Tsang-Kiang dont il remonta la rive gauche pendant cinq jours en traversant les territoires de
Peky, de Siâo-Oui-Sy, de Kang-Pou, de Ye-Tcho
et parvint enfin au village thibétain de Patong,
dépendant de Tse-Djrou, sur la rive droite du
fleuve. D'après les renseignements qu'il se procurait un peu partout, le P. Renou était persuadé
qu'il était à peu près arrivé à la hauteur des frontières du Thibet. Il atteignit bientôt les bords du
Lou-tse-Kiang et s'en alla demander l'hospitalité
à la lamaserie de Tcha-Mou-Tong. Le supérieur
de ce monastère l'accueillit favorablement et n'eut
à son égard que de bons procédés. Tcha-Mou-Tong
se trouvait dans un pays en grande partie désert
et la plupart de ses rares habitants étaient des
sauvages descendant de la race aborigène. Dans
le voisinage il n'existait qu'un village thibétain,

celui de Pedjrong, et sans importance. C'était toujours le Yunnan et le missionnaire n'avait pas
encore quitté le territoire chinois. A Tcha—Mou-
Tong, notre compatriote ne cessait de questionner
les lamas et bientôt il eut lieu de s'applaudir de
ses recherches. Du monastère, il apercevait la
crête d'un contrefort qui, venant de l'est, s'avan-
çait en ligne droite vers l'ouest et se terminait
brusquement par des rochers à pic surplombant
le Lon—tse—Kiang; quel fut son bonheur
quand il apprit que derrière cette montagne se
trouvait cette terre cachée du Thibet vers laquelle
tendait tous ses vœux et tous ses efforts depuis
sept années consécutives. Son émotion fut telle-
ment vive qu'il pouvait à peine la dissimuler. Il
s'empressa de faire ses adieux aux lamas et de
partir. Dès le lendemain, il avait atteint le haut du
contrefort; il foulait du pied le sol thibétain, et une
prière d'action de grâces s'élevait de son cœur,
réjoui et fortifié.

Le missionnaire ne voulait pas se borner à
reconnaître le Thibet; il se proposait d'y fonder
un poste. A Lang—Son, le second village qu'il
traversa, il eut la bonne fortune de rencontrer un
riche Thibétain qui ne demandait pas mieux que
de lui louer à perpétuité, moyennant la somme
annuelle de seize taëls (130 fr.), la petite vallée de
Bonga, dont il était le propriétaire.

Le 25 septembre 1854, le P. Renou et sa caravane
prenait possession de Bonga qui fut placée sous
la protection de Notre—Dame—de—Merci. La vallée
de Bonga n'avait rien d'enchanteur; les abords

étaient des plus sauvages et empreints d'une
grande tristesse, le sol était inculte et le pays
abandonné n'avait guère pour habitants que quelques bêtes sauvages. Le P. Renou ne se découra-
gea pas; il se mit résolument à l'œuvre et avec le
concours de ses compagnons, il parvint en quelques semaines à réparer les ruines des huttes qu'il
avait trouvées dans son domaine.

La première colonie chrétienne avait été fondée
à Bonga; l'Évangile allait enfin pénétrer dans le
sanctuaire du Bouddhisme.

On s'était établi à Bonga sur la fin de septembre.
La saison était fort avancée; il n'y avait pas de
temps à perdre. Aussi le P. Renou s'empressa-t-il
d'envoyer un messager à un autre missionnaire
resté au Yunnan, le P. Fage pour lui ordonner de
venir le rejoindre au printemps. En même temps
l'on défricha la terre et l'on mit plusieurs champs
en culture afin de pouvoir se procurer des ressources pour l'année suivante. Quelques habitants
de Long-Pou vinrent aider notre compatriote et,
grâce à leur concours, le travail fut assez rapidement exécuté. L'hiver arriva et la neige tomba en
grande quantité. La petite vallée de Bonga était
couverte d'un blanc linceul, les fontaines étaient
gelées et le froid des plus vifs. La solitude était
complète. Heureusement le bois de chauffage ne
manquait pas et le P. Renou put, sans trop de
souffrances, hiverner dans une hutte délabrée,
avec les cinq ou six Chinois qui l'avaient accompagné; la gaîté ne lui fit jamais défaut. Le jour,
l'on causait de religion en famille, autour d'un

grand feu, et dans son enthousiasme, lorsque le vent soufflait avec violence et ébranlait la modeste cabane qui servait de refuge aux colons, le missionnaire évoquait le souvenir de Bethléem et parlait aux Chinois de l'avenir du catholicisme au Thibet. Sa parole devenait vive, son cœur débordait; il supportait avec joie les privations auxquelles il était exposé en pensant qu'il préparait la route à d'autres missionnaires. Le rôle de pionnier lui plaisait, il était dans son élément. Le Thibétain qui avait loué la vallée de Bonga était stupéfait en voyant que ses locataires supportaient gaillardement les rigueurs de la saison; il vint les visiter et se laissa si bien gagner par la bonne humeur du P. Renou qu'il lui laissa quelques serviteurs. Ces derniers se mirent à l'œuvre et, au bout de quelques jours, ils avaient construit une cabane. L'un d'eux comprenait le chinois et pouvait servir d'interprète. Tout marchait à souhait et l'on pouvait compter sur l'avenir.

Vint bientôt le printemps: au mois de mai, la forêt était en pleine végétation; c'était le moment de l'abattre, afin de pouvoir l'incendier pour fertiliser le sol au moyen de ses cendres et y semer ensuite du sarrazin; une vingtaine de paysans de Long-Pou, séduits par la solde qu'on leur offrait, arrivèrent armés de haches et de coutelas, et se mirent à l'œuvre. Le P. Renou leur avait désigné l'endroit qu'il avait choisi pour l'emplacement de sa maison. La forêt disparaissait, sauf cependant les gros arbres, auxquels les travailleurs ne voulaient pas toucher; quand le P. Renou leur en de-

manda la cause, ils répondirent que les gros
arbres étaient habités par de mauvais génies et
que quiconque osait leur porter atteinte était
frappé de mort ou tout au moins devenait très
malade. Le missionnaire se contenta, pour les
détromper, de prendre une hache qu'il enfonça
profondément dans ces arbres fétiches. Les Thibétains les achevèrent sans crainte; toutefois,
pendant quelque temps, le P. Renou dut, le premier, porter, la cognée contre les gros arbres.
Quand les ouvriers virent que cet audacieux n'était
frappé ni de mort ni de maladie, ils furent pleins
de courage et l'imitèrent en ayant soin, avant de
commettre leur « sacrilège », de prononcer à plusieurs reprises le nom du Dieu des chrétiens et de
demander sa protection.

Dans le courant de l'année 1855 arriva le P. Fage
avec une assez forte somme d'argent. C'était un
précieux collaborateur pour le P. Renou. Grâce à
la facilité extraordinaire qu'il avait pour les langues, il fit de rapides progrès dans la connaissance pratique du thibétain. Il dirigeait et surveil-
lait spécialement l'exécution, tandis que le P.
Renou, qui s'était réservé l'administration générale et les relations extérieures de plus en plus
nombreuses, consacrait ses rares loisirs à l'étude
de la langue thibétaine écrite.

Le séjour de Bonga commençait à être à peu
près supportable. En 1855, les récoltes avaient été
bonnes, et au printemps de 1856, une troupe de
menuisiers chinois du Yunnan vint construire une
maison composée, au rez-de-chaussée, de neuf

chambres et d'une chapelle et, au premier, de
vastes greniers; des écuries et une cuisine ne
tardèrent pas à s'élever. En même temps, l'agriculture était poussée avec activité et de nouveaux
défrichements avaient été opérés; Bonga prenait
l'aspect d'un village. Les ouvriers chinois qui
étaient venus apporter leur concours étaient tous
païens à leur arrivée; au départ ils étaient tous
chrétiens et plusieurs d'entre eux aidaient les missionnaires dans leur apostolat. La petite colonie
chrétienne portait déjà ses fruits.

Ces progrès étaient dus en grande partie au P.
Renou qui se multipliait; sa santé ne tarda pas à
s'altérer et, à la suite d'une excursion des plus
pénibles, il fut attaqué de la fièvre des bois, si
dangereuse pour les Européens. Le mal était si
violent que bientôt il fut à toute extrémité. La
colonie de Bonga était déjà dans le deuil et se
voyait sur le point de perdre son chef. Heureusement ses angoisses furent de courte durée;
grâce à sa robuste constitution, le P. Renou
recouvra la santé et, malgré son besoin d'activité,
il dut se condamner, durant quelques semaines, à
un repos qu'il employa aux soins intérieurs de la
mission.

L'Évangile recrutait de temps en temps quelques
adeptes. Bonga était connu dans tout le pays. L'on
ignorait la nationalité des deux missionnaires,
mais l'on savait qu'ils appartenaient à une religion différente de celle des lamas, et de plus le
changement moral qui s'opérait chez leurs disciples était l'objet de l'admiration des popula-

tions. Un jour, un jeune lama des environs de
Kiang–Ka vint solliciter la faveur d'être admis
dans la colonie de Bonga; son âme était tour-
mentée par le remords d'une vie dissipée et il
espérait trouver le calme dans la religion chrétienne qu'il désirait étudier. Le nouveau néophyte
se distingua bientôt par sa ferveur. La connaissance qu'il avait de la littérature bouddhique fut
d'un grand secours pour le P. Renou. Le lama
dirigeait l'école; il traduisit les prières chrétiennes, y appliqua une psalmodie harmonieuse
et, grâce à lui, la population thibétaine de Bonga
put louer Dieu dans sa langue maternelle.

Toute l'année de 1857 et la première moitié de
l'année 1858 furent pour Bonga une époque des
plus heureuses. Bon nombre de Chinois dont
l'existence avait été des plus aventureuses venaient se fixer à la colonie chrétienne et y trouvaient le calme. Plusieurs avaient des métiers
qu'on savait utiliser; les autres s'adonnaient à la
culture. Des Thibétains demandaient à être reçus
dans la chrétienté; aussi la population s'était-elle
considérablement accrue. Depuis 1854, la vallée
de Bonga s'était transformée : au lieu d'un désert
aride, on voyait une plaine de deux kilomètres de
longueur sur trois cents pas de large complètement défrichée et des champs couverts de mois-
sons. Les cabanes se groupaient autour d'une
belle maison; les bêtes sauvages avaient fait place
aux animaux de labour. Le village possédait
une basse-cour fort peuplée et un nombreux
troupeau de chèvres parcourait les sentiers où

elles broutaient avidement. Dieu avait béni l'entreprise des pionniers chrétiens et Bonga était réellement une colonie des plus florissantes.

STATUE DE BOUDDHA

Malheureusement les mauvais jours n'allaient pas tarder à venir. Les progrès de Bonga excitaient la jalousie. Les Chinois, qui faisaient partie

8

de la communauté chrétienne, s'étaient établis
dans une belle vallée nommée Kio-Na-Tong,
située à une journée de marche de Bonga. Un
village d'une quarantaine de maisons s'était élevé
comme par enchantement et en même temps de
nouvelles terres avaient été achetées et mises en
culture par les chrétiens thibétains. Bonga était
convoité par son ancien propriétaire, Tsé-Ouang,
qui résolut de s'en emparer. Dans ce but, il retint
une troupe de gens sans aveu et vint à l'im-
proviste piller la mission. La maison habitée
par les missionnaires fut saccagée et, après ce
glorieux exploit, les malfaiteurs s'en retournèrent
avec leur butin, espérant bien que la colonie ter-
rorisée se disperserait. Il n'en fut rien. On se
remit à l'œuvre et on répara les ruines.

Quelques jours après, le 5 octobre 1859, le
P. Fage, qui avait reçu l'ordre de revenir en Chine,
quittait Bonga, le cœur bien triste et l'esprit fort
préoccupé. Le lendemain de son départ, la chrétienté était envahie par une bande nombreuse et
bien armée. Les chrétiens furent maltraités et
leur chef, le P. Renou, jeté à terre et menacé de
mort. Les bandits délibérèrent s'ils ne devaient
pas l'assassiner; mais ce crime leur parut inutile.
Le pillage était leur seul mobile; ils pensaient
qu'il valait mieux prendre tout ce qu'ils pourraient emporter et ils se retirèrent après avoir
saccagé le village et mis à contribution ses habitants.

La vallée de Bonga cessait d'être sûre et il fallait
s'attendre à de nouvelles attaques. Au commen-

cement de 1860, le P. Renou n'échappa à la mort
que par une sorte de miracle. Des assassins apos-
tés l'attendaient et il ne dut son salut qu'à la
fuite. Il se retira chez le lama de Tcha-Mou-Tong,
qui s'empressa de lui donner asile, ainsi qu'à la
plupart des chrétiens. Quelques Chinois restèrent seuls à Bonga, pour garder les ruines du
village.

Le missionnaire n'avait pas l'intention de rester
dans la lamaserie. Le chef thibétain du Tsarong,
Samdo, lui avait écrit pour l'engager à retourner
à Bonga en l'assurant de sa protection et en lui
offrant une escorte. Le P. Renou, qui n'avait
qu'une médiocre confiance dans cette amitié,
entrevoyait quelque piège. Mais cédant à son
naturel confiant, il se mit en route avec ses gens
et ses bagages. Ses craintes n'étaient que trop
fondées. Au milieu de son voyage, il fut attaqué
et fait prisonnier, ainsi que ses serviteurs, par
des brigands qui l'amenèrent devant le tribunal
de Samdo. Le juge était de connivence avec
les malfaiteurs. Il se borna à soutenir faiblement le missionnaire, et s'il lui permit de retourner à Bonga, il eut soin de lui faire observer
que le pays était peu sûr et qu'il ne répondait
pas de l'avenir. Le P. Renou ne pouvait se
faire aucune illusion; aussi résolut-il de s'abriter
sous une autorité supérieure à celle de Samdo,
dont la perfidie était évidente.

Il venait de s'accomplir un fait très important.
Le traité de Tien-Tsin ouvrait la Chine. La liberté
de professer la religion chrétienne était garantie

aux Chinois et le droit de la prêcher assuré aux
missionnaires, moyennant des passeports signés
des représentants de leur nation. A cette nouvelle,
le P. Renou part pour Kiang-Ka, petite ville moitié chinoise, moitié thibétaine, située tout près de
la frontière et où résidaient un mandarin militaire chinois et un gouverneur thibétain. Il s'a-
dresse à ces deux magistrats et demande justice
en déclarant sa qualité de Français. Le mandarin
se reconnaît compétent et retient l'affaire. Mais la
justice du Céleste Empire est lente et tout plai-
deur doit surveiller son procès. Le missionnaire
était trop au courant des us et coutumes de la
Chine pour ne pas s'y conformer ; il résolut de
fixer son séjour à Kiang-Ka et de ne pas quitter
cette petite cité qui n'a rien d'intéressant, tant
qu'il n'aurait pas été fait droit à sa demande.
Son attente fut longue ; elle dura près de deux
ans.

Notre compatriote ne se décourageait pas. La
moindre nouvelle favorable lui rendait sa gaîté.
Au commencement de 1861, il reçut la visite
d'un marchand chrétien chinois qui arrivait de
L'Hassa et lui raconta que, dans cette ville mys-
térieuse, le sanctuaire du Bouddhisme, il n'était
plus question que des événements qui venaient
de s'accomplir. Les *barbares d'Occident* étaient
entrés dans Péking. On parlait de la France avec
crainte et respect. Le P. Renou fut heureux d'apprendre que son pays jouissait d'un grand pres-
tige. Une autre nouvelle vint le consoler de ses
fatigues morales et physiques. Cinq mission-

naires, Mgr Thomine, les PP. Fage, Goutelle, Durand et Desgodins étaient en route pour venir le rejoindre et, le 4 juin 1861, ils arrivaient à Kiang-Ka.

Le premier jour fut consacré aux épanchements d'une réunion si désirée; puis on décida que dès le lendemain l'on s'occuperait de terminer ce procès qui menaçait de ne pas finir. Le mandarin chinois n'était pas personnellement mal disposé pour les Européens, mais il était faible de caractère et s'était laissé influencer par son entourage. Il avait cessé de s'occuper de l'affaire. Quant au gouverneur thibétain, c'était un ennemi déclaré. Il avait visité l'Inde, était allé à Calcutta et, de son contact avec les Anglais, il avait rapporté une haine vivace contre tous les Européens. Il se figurait qu'en voulant se fixer au Thibet, les missionnaires se proposaient d'explorer le pays pour y appeler une armée anglaise et qu'ils étaient des agents du gouvernement de Calcutta.

Le 5 juin 1861, après dîner, les PP. Renou, Fage, Goutelle, Durand et Desgodins montent à cheval précédés de leur homme d'affaires qui porte les cartes de visite, et, accompagnés de plusieurs serviteurs, ils se rendent au tribunal chinois et demandent à parler au mandarin. Il fait répondre qu'il est malade. Le cas était prévu. Les missionnaires descendent de cheval, s'installent dans la salle d'audience, parlent de choses et d'autres et, au bout d'une heure, ils envoient chercher chez le P. Renou le thé et les pâtisseries

que, suivant l'usage, le mandarin aurait dû leur
offrir. Ce sans-gêne étonne soldats et employés
qui vont et viennent; stupéfaits, ils courent rendre
compte à leur maître de ce qui se passe. L'un
d'eux engage les étrangers à revenir un autre
jour; le mandarin, ajoute-t-il, est malade, mais
serait très heureux de les recevoir lorsqu'il sera
rendu à la santé. Le P. Renou répond que lui et ses
compagnons attendront sa guérison dans le prétoire et qu'à partir de ce moment ils y prennent
domicile et vont y faire apporter leurs lits. Cette
fois, le mandarin se décida à recevoir nos compatriotes. L'exhibition des passeports, revêtus du
grand sceau rouge de la cour de Péking, le rendit
plus accomodant et il assigna un jour très rapproché pour entendre l'affaire.

Trois audiences furent consacrées à l'audition
des parties. Le P. Renou porta la parole, il réduisit à néant les mauvaises raisons de ses adversaires et montra la justice de sa cause. Le mandarin se trouva fort embarrassé. Il voyait combien
les plaintes des missionnaires étaient fondées et
il ne pouvait douter de leur droit. Mais il avait à
ménager les Thibétains. Aussi usa-t-il d'un pro-
cédé normand, tout Chinois qu'il était. Il déclara
qu'il se considérait comme trop mince personnage pour juger l'affaire et terminer un si gros
procès.

C'était une fin de non-recevoir. Les missionnaires, loin de se décourager, étaient résolus à
poursuivre la défense de leurs droits en s'adres-
sant à une juridiction plus élevée. Il fut décidé

que les PP. Fage, Goutelle et Durand resteraient
à Kiang–Ka et que Mgr Thomine, les PP. Renou
et Desgodins continueraient leur voyage jusqu'à
L'Hassa afin de s'adresser aux autorités supé-
rieures en passant par Tcha-Mou-To, où résident
des fonctionnaires chinois d'un rang assez élevé.

Le 5 août, Mgr Thomine et ses deux compagnons se mettaient en route et arrivaient bientôt
sur le territoire de la principauté thibétaine de
Tchraya. La population se montrait sympathique.
A Tcha-Mou-To, l'accueil fut des plus empressés.
Les mandarins chinois étaient venus à la ren—
contre des voyageurs et, avant de les conduire au
logement qui leur avait été préparé dans la ville,
il leur avaient offert le thé traditionnel sous des
tentes dressées à quelque distance dans la cam-
pagne. Notre missionnaire avait eu la bonne
inspiration d'aller voir un mandarin thibétain,
Tchré-Mun-Sé, qui se trouvait par hasard à Tcha-
Mou–to. C'était un puissant personnage. Son
intervention pouvait être d'un grand secours dans
le procès relatif à Bonga. Les prières du P. Renou
le décidèrent à agir. Au mois de novembre, Tchré-
Mun-Sé arrivait à Kiang-Ka. Il était temps. Les
trois missionnaires qui y étaient restés était aux
abois. Les autorités avaient défendu à la population de leur vendre leurs vivres. Tchré–Mun-Sé
leur fit rendre justice. Huit des bandits qui avaient
pillé Bonga furent condamnés à l'emprisonne-
ment et exilés, et peu s'en fallut que leurs têtes
ne tombassent. Le territoire de Bonga était cédé
à perpétuité aux missionnaires français moyen-

nant une légère redevance qui devait être payée au chef d'une lamaserie.

C'était une véritable victoire et on la devait au P. Renou, Il était resté à Tcha-Mou-To; son séjour dans cette ville ne laissa pas d'être fort mouvementé. Il avait failli être assassiné. Quelques semaines après, il était pris comme arbitre entre l'autorité civile et les lamas du voisinage. Enfin il était tombé malade, et il lui avait fallu passer l'hiver dans l'inaction la plus complète et attendre le retour du printemps pour songer à quelque nouvelle expédition. Sa convalescence avait été longue et sa santé se trouvait fort altérée.

Au mois de mars 1862, Mgr Thomine quittait Tcha-Mou-To, après un séjour de sept mois et, forcé de renoncer à se rendre à L'Hassa, il prenait la route de Péking; son voyage n'offrît rien de remarquable. Arrivé dans la capitale de l'Empire, il vit le chargé d'affaire français qui lui garantit la possession de la vallée de Bonga, le libre exercice de la religion chrétienne au Thibet et la liberté de s'établir à L'Hassa. Cette dernière clause n'a pas encore reçu un commencement d'exécution et nos missionnaires n'ont pas la faculté de s'établir à L'Hassa, malgré les traités, malgré les promesses du gouvernement chinois.

Trois mois après le départ de Mgr Thomine, c'est-à-dire dans le courant de juin, les PP. Renou et Desgodins quittaient Tcha-Mou-To et prenaient la route de L'Hassa, espérant pouvoir pénétrer dans cette ville presque inconnue. Ils étaient pleins de confiance. Le gouvernement chinois les avait

autorisés à visiter la capitale du Bouddhisme.
Grande était leur erreur. La conduite du gouvernement chinois n'était qu'une feinte. L'accès de
L'Hassa, en vertu d'ordres secrets, était plus
difficile que jamais. Il avait été défendu aux populations de vendre des vivres aux missionnaires
et d'entrer en rapport avec eux. Aussi, malgré
leurs efforts les missionnaires, furent obligés de
renoncer à leur projet après quelques jours de
marche et de revenir à Bonga qu'ils considéraient
comme une seconde patrie.

Ce n'est pas sans émotion que le P. Renou re-
trouva sa vallée ; il disait à son compagnon qu'il y
respirait librement. La vue des champs cultivés,
la maison de la mission, les cabanes des colons,
la petite forge, le bruit du marteau qui frappait
l'enclume, le moulin dont les ailes s'agitaient, les
aboiements des chiens, les cris des enfants qui
lui souhaitaient le bonjour, tout le charmait. Il
courut à la modeste chapelle dont il avait été
l'architecte et, pendant quelques heures, il y resta
livré à ses méditations.

Tous les missionnaires du Thibet étaient réunis
à Bonga : la fête de Noël 1862, année de leur retour, fut célébrée avec toute la pompe possible.
Quelques païens y reçurent le baptême et parmi
eux se trouvaient des lamas. Déjà des conversions
avaient été faites dans les villages des environs
et l'on songeait à sortir de la vallée pour s'étendre et rayonner aux alentours. Dans ce but, le
P. Renou était retourné à Kiang-Ka au mois de
mai 1863. Malheureusement les circonstances

étaient peu favorables à la propagande. Le Yun-
Nan, le Chen–Si et une partie du Sé-Chouan
étaient en pleine révolte, et une révolution se
préparait à L'Hassa. Le Thibet était fort troublé
et des bandes armées parcouraient le pays. Au
mois de septembre 1863, l'une d'elles envahit la
vallée de Bonga et ne se retira qu'après avoir
maltraité les chrétiens afin de les décider à abandonner la foi et à revenir au paganisme. A ce
moment le P. Renou était malade, ses forces
étaient épuisées et ces préoccupations le consu-
maient. L'existence même de sa chrétienté lui
semblait compromise; il ne put surmonter cette
inquiétude poignante et s'éteignit le 18 octobre
1863. A ces soldats du devoir, l'on ne saurait
mesurer les larmes et les regrets.

Les PP. KRICK et BOURRY

MISSIONNAIRES AU THIBET, MASSACRÉS EN 1854.

Pendant que le P. Renou avait essayé de pénétrer au Thibet par la Chine, d'autres missionnaires avaient tenté par l'Inde la même entreprise.

Parlons des deux principaux qui dans leur expédition pour le salut des âmes ont eu l'honneur du sacrifice sanglant : les PP. Krick et Bourry.

Le P. Krick appartenait à ce pays de Lorraine qui a toujours du sang et du fer pour les ennemis de Dieu et ceux de l'Eglise ; il partit le 23 décembre 1849 pour le Thibet qu'il voulait atteindre en passant par l'Inde.

Trois routes pouvaient le conduire au Thibet : la première traversait le Boutan, la seconde, plus à l'est, passait par la tribu sauvage des Abors, et la troisième par le pays des Michemis.

Plusieurs fois, les Anglais avaient essayé de franchir la frontière thibétaine de ce côté ; Boyle en 1774, Turner en 1783, Pemberton en 1838, et après la conquête de la province d'Assam par l'Angleterre, Neuville, Burlton, Bedford et Wilcox ; tous leurs efforts furent inutiles.

Après s'être reposé quelque temps à Calcutta le P. Krick se rendit au poste frontière de Saikwah.

Par l'entremise d'un officier anglais, il se mit en rapport avec les Michemis, et avec le fils d'un chef de la tribu des Kamptis, qui s'engagea à le conduire au Thibet. Il partit le 18 décembre 1851, et arriva après dix jours de marche dans un village michemi. Quatre ou cinq chefs vinrent le voir, et, après avoir tenu conseil, lui adressèrent ce peu encourageant discours : (1)

« D'autres Sabès ont essayé en vain d'aller au Thibet, veux-tu faire plus qu'eux ? Ils avaient des présents et tu n'as rien ; ils avaient des soldats et tu es seul ; ils comptaient plus de deux cents serviteurs et les tiens s'enfuient ; du reste, les Mizous ne te laisseront pas passer ; arriverais-tu au Thibet ? on ne t'y laisserait pas entrer. Nous-mêmes nous n'y allons jamais ; pas un de nous n'a vu ce Thibet que tu veux atteindre. »

Cette argumentation n'ébranlant pas le missionnaire, les chefs multiplièrent leurs objections ; leur dernier mot fut qu'il serait infailliblement tué.

— Eh bien ! répondit le P. Krick, si je meurs, d'autres viendront.

La perspective de la mort avait d'ailleurs sur le missionnaire une singulière vertu.

« Elle n'a d'autre effet, a-t-il écrit, que de calmer les écarts de nos facultés. »

La parole est d'un philosophe, mais écrite sur

(1) *Relation d'un voyage au Thibet*, p. 35.

les bords de Brahmapoutre, au milieu de sauvages ennemis, elle dénote une âme vigoureusement trempée.

Après de nombreux pourparlers, les Michemis consentirent à conduire l'étranger sur les fron-tières du Thibet.

Le P. Krick se remit donc en marche, et le 5 janvier, arrivé au confluent du Brahmapoutre et de l'Ispack, il vit subitement la vallée s'élargir, les crêtes des montagnes, jusque-là dénudées, se couvrir de pins élancés; au loin, des petits points noirs se détachaient sur le vert sombre de la prairie :

— C'est un village thibétain, lui dit-on. (1)

Il fait deux pas de plus, il en découvre un autre.

— Thibet!... Thibet, s'écrie-t-il, à vous, ô mon Dieu, les prémices de ma joie! Je plantai à la hâte, sur le mur d'un enclos, une croix fabriquée avec deux planches. Je me jetai à genoux et récitai le *Nunc dimittis*..., et il ajoute, avec l'hu-milité de l'homme fort, un moment attendri :

« Vous me pardonnerez cette émotion, n'est-ce pas? J'ai tant souffert. »

La joie de cette première heure ne devait pas être de longue durée.

Les Thibétains, objets de si ardents désirs, devaient plonger le P. Krick dans de profonds chagrins. Ils s'attroupèrent d'abord autour de lui, puis se retirèrent les uns après les autres.

_____

(1) *Relation d'un voyage au Thibet*, p. 52. C'était le village de Oua-loung.

— Jamais je ne m'étais senti aussi seul, dit le
missionnaire (1). Sans doute les Michemis m'a-
vaient injurié, menacé et volé ; mais les Thibétains, en me laissant à moi-même sans crainte,
ni espérance de leur part, me faisaient presque
regretter les dangers de la route. Jusque-là j'avais
eu en perspective une mort violente, maintenant
j'entrevoyais la mort, l'abandon et la faim.

Il quitta ce village pour aller plus en avant,
dans l'espoir de rencontrer une population plus
sympathique. Après deux jours de marche, il
atteignit le bourg de Sommeu, où déjà la renommée avait annoncé l'arrivée prochaine d'un être
extraordinaire.

Les habitants de Sommeu, hommes, femmes
et enfants, se précipitèrent en foule à sa rencontre
et bientôt se pressèrent autour de lui, afin de le
mieux examiner. Ils fouillaient ses poches, pal-
paient ses yeux et sa barbe, lui ouvraient la
bouche, inspectaient ses dents, comptaient les
doigts de sa main, analysaient la couleur de sa
peau, et concluaient en somme qu'ils avaient
découvert un être exceptionnel tenant assez de
l'homme, un peu de l'animal, et constituant une
nouveauté qu'on ne pouvait classer dans aucune
espèce connue. Le pauvre missionnaire chercha
longtemps un protecteur au milieu de cette foule
de curieux. Un notable de la troupe eut enfin pitié
de lui et lui donna un refuge dans sa demeure.

Quelques jours après, le gouverneur de la pro-

(1) *Relation d'un voyage au Thibet.* p. 55.

vince arriva et fit subir à l'inconnu l'interrogatoire
suivant : (1)

— Quel est ton nom?

— Nicolas-Michel Krick, missionnaire.

— De quel pays es-tu ?

— Du royaume de France.

— Que viens-tu faire ?

— Je viens m'occuper de religion.

— Ton but est d'explorer le pays pour nous
faire la guerre.

— Non, je suis Français et non Anglais, je suis
prêtre et non officier.

— Ton pays est-il grand?

— Oui, très grand.

— A-t-il un roi?

— Oui, un grand roi.

— Quel est son nom?

— Louis Napoléon.

— A-t-il beaucoup de soldats?

— Quand j'ai quitté la France, il y en avait six
cent mille sous les armes.

— Pourquoi es-tu venu chez nous de préférence
à d'autres nations?

— Parce que j'ai appris que vous êtes un
peuple religieux.

— Qui te l'a dit?

— Un autre lama de mon pays, qui a sé-
journé à L'Hassa où il a été reçu par le ré-
gent?

— Est-ce de ton propre mouvement ou par

(1) *Relation d'un voyage au Thibet*, p. 64.

ordre de ton roi que tu as pris le chemin du Thibet?

— Mon roi ne sait pas même que je suis au monde.

— Tu resteras ici un an ou deux, puis tu retourneras à Assam?

— Non, je resterai ici jusqu'à la mort.

— Alors tu es un mauvais sujet, tu as fui ton pays pour te soustraire à la justice; un bon sujet ne s'expatrie pas pour toujours.

— Je ne suis pas un criminel; vous pouvez écrire à mon roi, et vous verrez aux renseignements qu'il vous transmettra sur mon compte, que ma conduite est sans reproche.

— As-tu de l'argent ou quelque autre moyen d'existence?

— Non, les Michemis m'ont dépouillé de tout.

— Si tu n'as rien, qui voudra te loger et te nourrir?

— Je compte sur l'hospitalité des Thibétains; mais si elle me fait défaut, je demanderai asile à un couvent de lamas... Il y eut ici une pause pendant laquelle le tribunal se consulta.

— Lama, reprit le gouverneur, il faut retourner dans ton pays.

— C'est impossible, pourquoi m'en irais-je?

— Parce qu'on va se battre.

— Que m'importe la guerre?

— Comme étranger, tu en souffrirais plus que personne, et de mon côté, je ne puis te prendre sous ma protection.

— Dans ce cas, je te décharge de toute

A ces mots, tous les chefs se levèrent... (P. 131.)

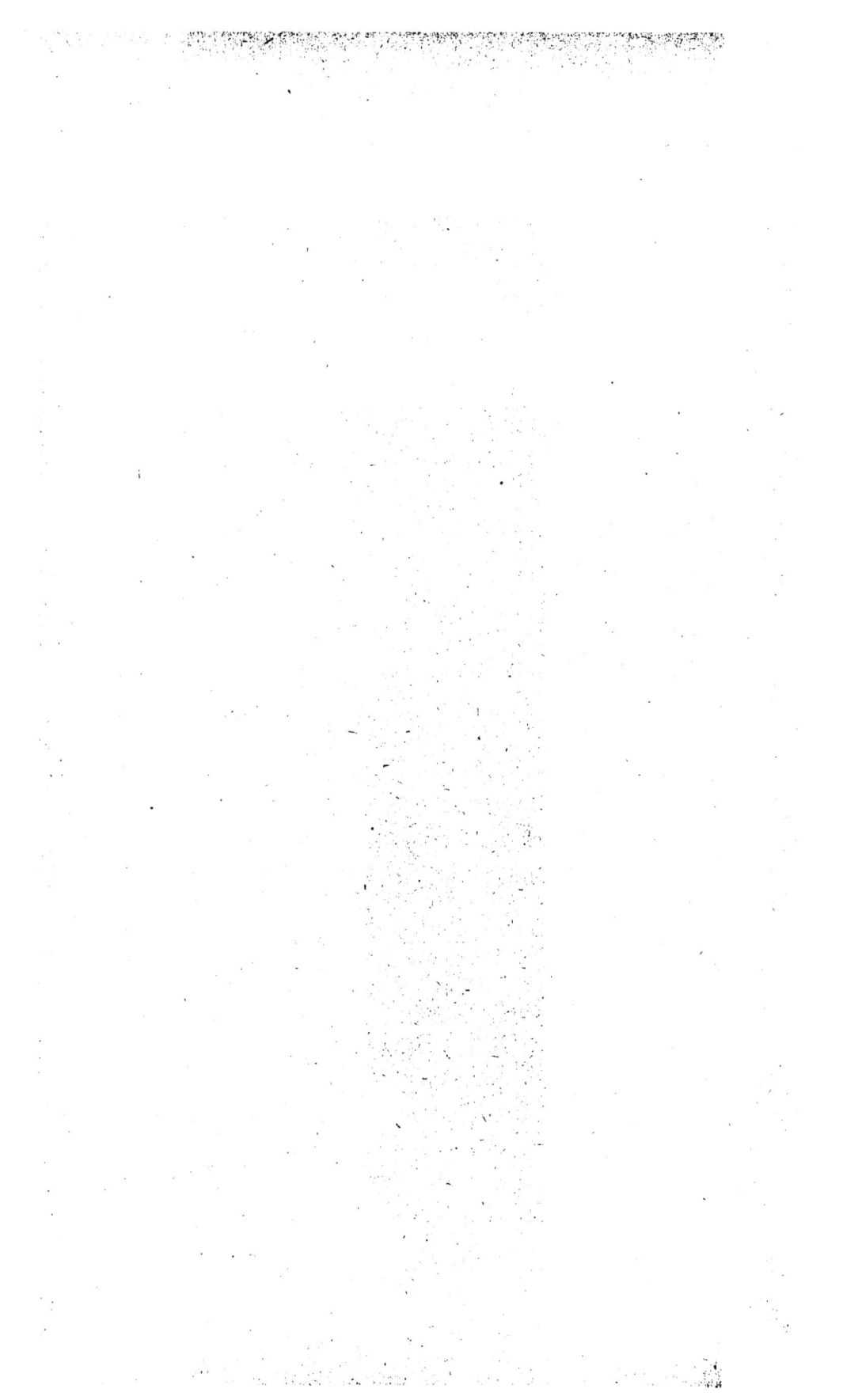

responsabilité ; je me protégerai moi – même.

— Ce que je te dis est sérieux ; il y aura un grand carnage ; on te tuera...

A ces mots, tous les chefs se levèrent, tirèrent leurs sabres et se mirent à espadonner en tout sens, pointant, coupant, taillant des ennemis imaginaires, comme au plus fort de la mêlée. Ce simulacre de combat, qui devait selon eux porter la conviction dans l'esprit de l'étranger, n'amena que le sourire sur ses lèvres. On revint donc aux interrogatoires qui étaient suivis avec intérêt par la foule :

Après s'être un moment recueilli, le gouverneur ajouta :

« Voici le meilleur parti à prendre. Retourne à Kotta, premier village michemi de la frontière, reste là pendant les hostilités, et la guerre finie, tu rentreras au Thibet. Si tu suis mon conseil, je te fournirai des vivres, je te protégerai dans ta nouvelle résidence, et à la paix, je ne mettrai plus d'obstacle à ton retour. »

— Raja, je te remercie de tes offres, mais je ne puis les accepter. Je suis au Thibet, j'y veux mourir, oui, je préfère la mort au départ...

« Cette protestation fut la dernière (1), dit le P. Krick. Je craignis que, poussé à bout par de plus longues résistances, le gouverneur ne m'intimât l'ordre de décamper au plus vite et de m'en aller comme j'étais venu, avec défense de reparaître jamais dans le pays. Sa proposition, au contraire, ne m'imposait qu'un éloignement mo-

(1) *Relation d'un voyage au Thibet*, p. 67.

mentané ; elle m'assurait protection et secours
dans ma retraite provisoire, et laissait derrière
moi la porte ouverte pour un prochain et libre
retour. Je lui fis donc répéter ses promesses, et
je déclarai qu'à ces conditions je consentais à me
retirer à Kotta.

L'apôtre du Thibet séjourna encore quelque
temps dans le village de Sommeu, où le peuple
était loin de partager à son égard la défiance des
chefs. Il ne se passait pas de jours sans que
plusieurs Thibétains, hommes et femmes, ne
vinssent lui demander sa bénédiction : « Lama-
Gourou, lui disaient-ils en se prosternant à ses
pieds et en montrant son bréviaire, placez votre
saint livre sur ma tête et bénissez-moi. »

« Si mon cœur, ajoute le P. Krick (1), était
consolé par ses témoignages d'intérêt, les conditions matérielles de mon existence n'en étaient
pas moins dures. Le pauvre est pauvre partout.
Je subissais le sort de la misère ; ma chambre
était une salle commune, ouverte à tout venant :
elle servait de pied-à-terre et de bazar public.
Chaque fois qu'un voyageur venait y passer la
nuit, le maître de la maison ne se gênait pas pour
me dire : « Lama, cède la place, » et quand j'étais
à peine casé dans un autre coin, survenait un
nouveau passager qui me poussait ailleurs. Cette
humiliation de chaque instant m'eût été assez
indifférente, si elle n'avait affecté que ma personne,
mais j'en souffrais aussi pour la dignité du carac-

(1) *Relation d'un voyage au Thibet.* p. 79.

tère sacerdotal dont j'étais revêtu. D'autre part, la disette minait ma santé. Je ne sais rien de terrible comme une faim qui s'aiguise par la pensée que le soir, le lendemain, les jours suivants, ce sera encore la même détresse, les mêmes privations. Comme les ventes et les achats se faisaient dans ma chambre, j'attendais avec impatience le moment où tout le monde serait sorti et une fois seul, je ramassais un à un les grains de riz tombés et perdus : quand j'en avais cueilli une douzaine dans le creux de ma main, j'étais content, je glanais les moindres miettes comme si c'eût été des parcelles d'or. En général, les voyageurs prenaient pitié de ma misère et me faisaient partager leurs aliments. Cétte position était affreuse, mais je souffrais sous l'œil de Dieu qui saura, j'espère, me tenir compte de tous ces sacrifices... »

Cette vie de privations et de déboires avait pourtant de l'attrait pour le zélé missionnaire, et ce ne fut pas sans un amer regret qu'il se vit forcé de quitter le village thibétain et de rebrousser chemin. Il reprit la route d'Assam le 2 février. Le retour ne fut qu'un long tissu de misères. En repassant par une tribu qui avait déjà voulu attenter à ses jours, le P. Krick fut arrêté par le chef qui l'apostropha en ces termes (1) :

« Ah ! te voilà, je t'attendais ! tu m'as échappé la première fois, maintenant je te tiens, c'est à mon tour. De quel droit as-tu violé mon terri-

Relation d'un voyage au Thibet, p. 86.

toire? Tu sauras ce qu'il en coûte à un homme
du Bengale de passer par mon royaume. Voyons,
parle, qu'es-tu venu faire ici? Tu es entré sur
mes terres, tu n'en sortiras pas, tu n'auras pas
la satisfaction d'emporter dans ton pays le résultat de ton espionnage. Tu vas mourir. Je ne te
couperai pas le cou dans ma maison, elle serait
souillée par ton sang, mais je vais te faire traîner
dans les jungles et là tu seras égorgé. »

La figure crispée et furieuse du sauvage donnait
du poids à la menace. L'impitoyable arrêt de
mort venait à peine d'être prononcé qu'on entendit au fond de la salle un long gémissement.
C'était un malheureux dont le pied, dévoré par la
gangrène, se consumait dans d'indicibles douleurs.
Le chef de la tribu dit au missionnaire : « Je te
donne trois jours pour guérir cet homme. »
Durant la nuit entière, les cris et les plaintes du
malade ne cessèrent de se faire entendre, et chacun de ses gémissements avertissait l'apôtre
qu'il n'avait plus que trois jours à vivre; car comment guérir en si peu de temps un pied tombant
en pourriture?

Le P. Krick profita de ces trois jours pour se
préparer à la mort, sans toutefois négliger son
malade. Comme avant son départ pour les missions, il s'était exercé aux pansements à l'hôpital
Necker, il eut le bonheur de rendre la santé au
moribond, au grand enthousiasme de cette tribu
de sauvages, qui eurent dès lors pour leur prisonnier des sentiments plus humains. Le chef
lui laissa librement continuer sa route, et lui

donna même des guides, qui ne tardèrent pas d'ailleurs à l'abandonner, après l'avoir dépouillé du peu qui lui restait. Le froid, la faim, la soif, les insomnies furent ses fidèles et inséparables compagnons. Aussi était-il dans le plus pitoyable état, quand il arriva à Saikwah le 18 mars 1852.

En 1853, remis de ses fatigues, il fit chez les Abors un voyage moins long et moins périlleux, mais sans plus de résultat.

Enfin, l'année suivante, le vaillant missionnaire se mit en route avec un nouvel ouvrier apostolique, récemment arrivé d'Europe, Augustin Bourry (1). Cette fois il ne s'agissait plus de faire une simple exploration, mais un établissement définitif au Thibet.

Les deux apôtres traversèrent heureusement la tribu des Michemis, arrivèrent dans la province de Dzayul et s'arrêtèrent à Samé, le premier village thibétain qu'ils rencontrèrent. Ils y vécurent dans la solitude et la pauvreté pendant deux mois, cherchant les âmes qui seraient les premières appelées à la régénération. Leurs relations avec les habitants perdirent peu à peu le caractère de froideur hostile du début, pour devenir cordiales et confiantes.

Ce n'était pas encore le succès, mais le désir de réussir aidant, les missionnaires le croyaient proche, lorsque dans les premiers jours du mois de septembre 1854, un chef michemi, nommé Kaïcha, accompagné de plusieurs sauvages, se

(1) Du diocèse de Poitiers, parti en 1852, mort en 1854.

présenta à la porte de leur maison. Le P. Bourry, retenu par la fièvre, était seul dans l'intérieur, étendu sur son lit. Le P. Krick était allé faire une promenade sur les bords du ruisseau. Après avoir jeté un regard rapide dans la demeure, Kaïcha et ses hommes se précipitent sur le P. Bourry, le bâillonnent et le garrottent, puis ils s'élancent à la recherche du P. Krick. En l'abordant, Kaïcha lui demande avec arrogance une pièce de drap rouge, que le missionnaire lui avait promise.

— Je te l'avais promise, répond celui-ci, si tu voulais m'aider et me conduire : tu n'as rien voulu faire pour moi, je ne te dois donc rien.

— Le missionnaire eut à peine prononcé ces mots que les assassins le terrrassent, lui tranchent la tête et jettent son cadavre au ruisseau ; ils reviennent ensuite à la maison, tuent le P. Bourry, pillent et disparaissent. Dans leur précipitation, ils oublièrent un jeune Assamien chrétien, domestique des missionnaires, qui put se cacher, tout en restant témoin de cette scène sanglante. C'est lui qui, le premier, à travers mille dangers, rapporta la triste nouvelle dans Assam ; elle fut bientôt confirmée par les dires des Michemis restés en bons rapports avec les ouvriers apostoliques.

Le gouverneur anglais s'émut et envoya une compagnie de cipayes saisir le meurtrier et sa famille. Le sauvage avait prévu l'attaque ; au lieu de fuir, il avait fait couper la route en plusieurs endroits, en d'autres planter des bambous aiguisés

et empoisonnés ; et il attendit derrière ces retran-
chements improvisés. Les soldats prirent le village à revers, arrêtèrent Kaïcha et l'amenèrent
devant les tribunaux. L'enquête révéla tous les
faits que nous venons de rapporter. Le meurtrier
fit d'ailleurs des aveux complets ; il avait assassiné les missionnaires pour les voler, il le dit
sans manifester ni honte, ni regrets. Il fut con-
damné à mort, et sa famille absoute.

A la prière de M. Bernard et du Séminaire des
Missions Étrangères, le gouvernement anglais fit
grâce de la vie à Kaïcha et commua sa peine en
une déportation perpétuelle ; mais quelques jours
avant son départ pour l'exil, le misérable assom-
ma son geôlier à coups de chaînes et fut pendu
pour ce nouveau crime.

Le P. COSTE

PROVICAIRE DE LA MISSION DE CORÉE

« La Mission de Corée perdit en 1896 un de ses plus dignes ouvriers dans la personne du « Bon Père Coste ». Car c'est sous ce nom que le Provicaire était depuis longtemps connu et familièrement vénéré de tous ses confrères et nombreux amis, tant missionnaires que laïques, en Extrême-Orient. Dieu l'a rappelé à Lui dans la cinquante-quatrième année de son âge, après vingt-huit ans de travaux apostoliques. Aucun missionnaire de la Corée n'avait encore fourni aussi longue carrière. Tous, jusqu'ici, avaient été emportés, la plupart à la fleur de l'âge, les autres relativement jeunes, ou par les privations et la maladie, ou par le fer des persécutions. Aussi étions-nous heureux d'espérer que lui, au moins, comme un autre Jean, dont il rappelait le nom et les vertus, resterait longtemps encore au milieu de cette jeune église coréenne, pour la consoler par une belle et verte vieillesse, des deuils répétés qui l'affligent si cruellement depuis quelques années. Le bon Dieu en a disposé autrement : Que sa sainte volonté soit faite et non la nôtre !

» Avec le P. Coste disparaît une figure vraiment vénérable et sympathique, où tout respirait le calme, la mansuétude, la modestie, la charité et une imperturbable union de l'âme avec Dieu. Maintenant qu'il n'est plus, il semble que la mort ait déposé sur son front une sorte d'auréole, et la douceur de son visage noblement encadré dans une couronne de cheveux blanchis et de barbe grisonnante rappelle volontiers ces belles têtes de moines, où le pinceau des artistes a su mettre tant de paix, de lumière tranquille et de céleste sérénité. C'est que, dans le tableau de cette vie toute sacerdotale il n'y a pour ainsi dire point d'ombre. Qu'on l'examine dans l'ensemble ou dans les détails, on n'y découvre ni tache ni vide; c'est une suite de jours pleins. Tout y était en ordre et à sa place : rien de saillant par caractère, rien d'éclatant par modestie, rien de heurté par caprice, rien de négligé par impatience ou par humeur. Il suivait un plan et une méthode en tous ses actes; la règle et la mesure en tout et toujours. Encore cette mesure n'avait-elle rien d'étroit; sa règle n'était point rigide, mais douce, à la manière de saint François de Sales, sachant se plier aux circonstances sans blesser ni gêner personne. Telle une eau limpide qui suit son cours et tourne doucement tous les obstacles sans les briser, sans que rien non plus puisse arrêter sa marche ou troubler sa surface; telle, durant plus d'un quart de siècle, s'est déroulée cette vie de missionnaire dont l'harmonieuse unité ne s'explique que par une vigilance et une victoire continuelles

sur la nature avec une effusion spéciale de la
grâce de Dieu. Un homme si bien réglé dans toute
sa conduite ne pouvait être que la sincérité et la
droiture mêmes; il était surtout la bonté. On aurait pu abuser de sa bienveillance; la fatiguer ou
la trouver en défaut, jamais. Il ne disait que du
bien de tout le monde; des défauts ou des travers
d'autrui, il en parlait si peu qu'il ne semblait pas
les connaître, en sorte qu'on se demande s'il y
eut jamais dans son cœur une goutte de fiel, dans
sa bouche une parole d'aigreur et d'amertume
contre personne. A ceux qui ont pu suivre de
près, et ils sont nombreux, l'ami vénéré que
nous pleurons, de dire si ce portrait est embelli
ou simplement fidèle. Peut-être trouveraient-ils
avec raison qu'il y manque le trait principal : à
savoir ce cachet de perfection, cet air achevé,
ce fini qu'il savait imprimer sur toutes ses œuvres,
même vulgaires. Faire tout avec ordre, avec soin
et de son mieux, rien que pour Dieu, n'est-ce pas
en trois mots tout le P. Coste? *Bene omnia
fecit.*

Eugène-Jean-Georges Coste naquit le 17 avril
1842 à Montarnaud, canton d'Aniane, département
de l'Hérault, d'une famille honorable de proprié-
taires, doués des biens de la fortune, riches surtout des dons de la foi.

Le village de Montarnaud, dont la maison paternelle de M. Coste occupe le centre, est situé
à douze kilomètres environ de Montpellier, dans
une riante vallée qu'entoure un cercle de collines

plantées de vignes et d'oliviers. Un vieux château perché sur la hauteur domine le village. C'est dans ce cadre pittoresque où s'éveillèrent sans doute ses goûts d'artiste, que grandit, sous l'œil de Dieu et de ses pieux parents, le futur missionnaire ; il en avait gardé jusqu'à la fin le doux souvenir.

« Te rappelles-tu, écrit-il à une cousine moins
» d'un an avant sa mort, l'époque où de jeunes
» écoliers, après avoir gambadé le long de la
» rivière ou sur les montagnes de Madières, ren-
» traient joyeux sous le toit paternel ? Il me
» semble voir encore le grand pont qui joint le
» Gard à l'Hérault et les roches où personne n'osait
» monter, excepté les chèvres qui allaient y brou-
» ter les brins d'herbe et les branches des arbres.
» Je me souviens surtout de ces scènes char-
» mantes où toute la famille réunie goûtait les
» douceurs de la plus cordiale amitié. Après le
» repas du soir, on me faisait monter sur une
» table, et là, je débitais des morceaux appris à
» l'école. On ne se doutait guère que ces débuts
» oratoires étaient comme le prélude du ministère
» que je devais exercer plus tard. »

S'en doutait-il déjà lui-même, et est-ce à ce temps de la première enfance qu'il entendit l'appel de Dieu ? Son extrême discrétion n'a pas permis de le savoir. En tout cas, il est certain que sa vocation apostolique remonte au moins à l'époque de son petit séminaire. C'est dans cette chaude atmosphère de Belmont, au diocèse de Rodez, où il fit une bonne partie de ses études, qu'il en dé-

veloppa les germes; c'est là qu'en compagnie de
pieux condisciples, dont plusieurs sont devenus
missionnaires comme lui, il entretenait son désir
de partir pour les Missions.

Au sortir de ses humanités, le P. Coste entra au
grand séminaire de Montpellier. Il y reçut les
premiers ordres. La piété humble et modeste des
fils de saint Vincent de Paul, particulièrement du
P. Fiat, aujourd'hui supérieur général des Laza-
ristes, qu'il y eut pour professeur, firent sur lui
une impression profonde. Il n'en parlait qu'avec
un respect mêlé d'admiration. Peut-être n'est-il
pas téméraire d'attribuer à la vertu de leurs leçons
et de leurs exemples cet esprit de douceur qui fit
depuis de lui un homme si bon. A la fin de 1866,
il entra minoré au séminaire des Missions Étrangères, fut ordonné prêtre le 6 juin, c'est-à-dire
après un séjour de moins de deux ans à la rue
du Bac, et le 15 juillet suivant, se refusant la joie
d'aller embrasser une dernière fois sa famille, il
quittait Paris et la France, et s'embarquait pour
l'Extrême-Orient.

L'ensemble de ses talents et de ses qualités,
l'aménité de son caractère, les goûts d'ordre, de
régularité, de travail, qui le distinguaient dès lors,
l'avaient désigné au choix de ses supérieurs pour
l'important service des procures de la Société.
Le jeune missionnaire fit taire ses préférences
personnelles et avec cette bonne grâce qui double
le mérite de l'obéissance et qu'il savait mettre à
tout, il s'adonna de tout son cœur aux devoirs de

sa charge, d'autant plus méritoire qu'elle est
généralement moins enviée. C'est ainsi que nous
le rencontrons, dans un espace de huit années,
d'abord sous–procureur à Hong–kong, faisant
ses premières armes sous la direction de Mgr
Osouf; puis à Singapore où, à partir de 1870, il
remplace pendant deux ans M. Patriat occupé à
la fondation du Sanatorium; de nouveau à Hong-
kong, vers 1872, où il essaie ses talents d'architecte et emprunte aux habiles constructeurs de
Béthanie ce goût de l'art gothique, qu'il gardera
toujours, un peu exclusif peut-être. Enfin, en
1874, il est nommé procureur à Chang-hay, malgré les résistances de son humilité, et finit par
trouver dans ce poste le chemin de la Corée.

Ce qu'il fut dans ces situations diverses, les
témoignages d'estime de ses Supérieurs, les ami-
tiés profondes et durables qu'il sut inspirer, les
regrets surtout qui accueillirent son départ de la
procure, le disent assez. On ne se défendait pas
d'aimer un homme si affable, si prévenant, sans
cesse prêt à rendre service et qui mettait tout
son bonheur à faire plaisir. Sa tenue digne
imposait le respect; sa franche bonhomie donnait
confiance; son humeur toujours égale, sérieuse
sans rudesse et joviale sans légèreté, plaisait à
tous. Il entendait fort bien la plaisanterie, la rendait même au besoin avec usure, mais le trait
qu'il savait aiguiser et enfoncer finement, ne
blessait jamais, parce qu'il était toujours charitable. On ne craignait de lui que ses terribles
crayons. Encore les victimes de ses caricatures

d'alors se plaignaient-elles de ses malices en des
termes plus propres à exciter sa verve que son
repentir.

« Ah, vraiment, lui écrit l'une d'elles, vous
» avez un joli compte à rendre pour tant de mé-
» faits. Qu'en dites-vous? notre cher P. Coste. Vous
» dites tout naturellement dans la profondeur de
» votre simplicité, qu'il ne saurait être question
» de vous, et que ceux qui ont à se débrouiller
» avec ces affreux crayons se débrouillent. »

« Bien sûr, vous serez pendu pour vos pein-
» tures, lui écrit un autre, d'abord j'ai toujours
» pensé que vous finiriez mal. Sérieusement,
» croyez-moi, mon ami, car enfin je vous aime
» encore un peu, convertissez-vous : il en est peut-
» être temps encore. »

Et lui-même annonçant à un de ses meilleurs
amis sa prochaine sortie de la procure, fait spi-
rituellement allusion à « ses horribles pinceaux »,
et félicite un certain « Papa Malakoff » d'être
désormais délivré de « son affreux persécuteur »
avec une pointe de gaieté qu'on est heureux de retrouver dans toute sa correspondance comme dans
toute sa vie. Cette note enjouée est loin d'étonner
d'ailleurs dans une si sainte âme; car s'il savait
que la piété est utile à tout, il n'ignorait pas non
plus que la joie de l'esprit, qui est un fruit de
l'Esprit-Saint, doit être sa compagne chez un
missionnaire : *Ibant gaudentes.* C'est pourquoi il
sait se montrer joyeux, même à une époque où,
se croyant appelé à suivre une autre voie, la vie
de procure lui pèse.

LES RIZIÈRES

« Après de longues et cruelles incertitudes, il finit par se résoudre à prier ses supérieurs de le relever d'une charge dont la délivrance elle-même lui sera une occasion de durs sacrifices.

« Il est donc bien vrai, écrivait-il à ce sujet à M. Osouf, maintenant archevêque de Tokio, qu'il y a de rudes émotions quelquefois dans la vie. Nous en avons eu, et nous en avons chacun notre part. Donc, encore une séparation. A force d'en subir, il semble que le cœur devrait s'y faire, et cependant il ne peut s'y habituer. C'est que le cœur ne peut se départir de certaines affections, et celle qui m'attache à vous est de celles qui sont impérissables ; ni les distances qui vont s'accroître entre nous, ni les froids de la Corée ne seront capables de l'amoindrir. »

Puis après ce cri du cœur, et comme pour en cacher la blessure, une réflexion enjouée :

« Je me revois toujours dans le bon vieux temps à Hong-kong, devisant sur les constructions de Béthanie. Quel trio, n'est-ce pas ? Qui aurait dit que bientôt nous serions aux deux bouts du monde ? Le P. Patriat reste, il est vrai, au milieu, comme trait d'union. Il est fait pour aller au ciel en voiture, lui, quoiqu'il n'ait pas gagné le prix des courses. Il est tout maussade et presque impertinent avec moi, il voudrait me faire regretter d'aller en Corée, ce vestibule du Paradis pour les missionnaires qui y vont à pied. »

C'était bien en, effet, le plus pur esprit apostolique, le seul et unique amour de la croix qui inclinaient le cœur du P. Coste vers la Corée, et

lui faisaient désirer cette mission persécutée. La
lettre par laquelle, en date du 25 décembre 1875,
il demandait aux Directeurs du Séminaire des
Missions étrangères d'y être agrégé, peint trop
bien l'état de son âme pour n'être pas citée en
partie.

« Dans notre Société, disait-il, tous les postes
sont bons, tous concourent à la conversion des
gentils, qui est notre but, nous sommes tous soli-
daires ; les mérites des uns rejaillissent sur les
autres. Je sais cela ; j'en suis convaincu, et
cependant je ne suis pas parvenu à faire taire une
voix intérieure qui me dit : Va, prêche la parole
de Dieu. Longtemps j'ai repoussé cette suggestion
comme une embûche dressée par l'ennemi du
bien pour me faire perdre la tranquillité de
l'âme. J'ai médité, j'ai consulté, j'ai prié. La
même voix se fait toujours entendre. Si elle
m'invitait à une vie plus molle, plus commode, je
la regarderais comme une tentation ; mais elle
me pousse vers les souffrances, vers la croix. Elle
est peut-être la voix de Dieu ; or la voix de Dieu
n'est jamais à mépriser, lors même qu'elle
conseille seulement. »

Puis, après avoir essayé par des raisons tirées
de sa prétendue inaptitude aux affaires, d'in-
cliner la volonté des supérieurs à lui accorder sa
demande :

« Vous me trouverez peut-être, continuait-il,
bien téméraire de vouloir pour ainsi dire usurper
l'héritage des apôtres et des martyrs, bien pré-
somptueux d'assumer une responsabilité redou-

table. Assurément, si je ne considérais que mon indignité et ma faiblesse, je me garderais bien de faire cette démarche. Mais saint Paul nous apprend que d'un vase d'ignominie Dieu peut faire un vase d'élection. Il n'y a rien en moi dont je puisse me glorifier ; mais j'attends tout de Celui qui me fortifie, de Celui qui est l'auteur des bonnes pensées et des saintes entreprises. En cédant à l'attrait irrésistible qui me pousse, je crois obéir à sa voix. Aussi je vous conjure de n'être pas insensible à une demande que je vous fais après mûres délibérations et pour laquelle je n'attendais qu'une circonstance favorable. A force de prières et de larmes, saint Boniface obtint de ses supérieurs d'aller prêcher la foi aux Germains. Laissez-vous toucher également par les supplications de quelqu'un à qui il manque sans doute d'être saint, mais qui a la volonté de le devenir. Par une longue série de sacrifices accompagnés d'abnégation et de patience, je suis parvenu jusqu'au seuil des Missions, je n'ai qu'un pas à faire pour y entrer, et ce pas dépend de vous. Je pense que vous lèverez le seul obstacle qui me reste, que vous m'aplanirez la voie. »

Touché d'un langage si élevé et si sincère, le Séminaire se rendit au désir du P. Coste, et dans une lettre du 29 novembre 1875, lui accorda la permission demandée, malgré le regret de le perdre pour la procure, et en le remerciant du dévouement qu'il avait montré au service de la Société et des Missions. La lettre finissait en lui souhaitant de pouvoir entrer bientôt en Corée.

Ce vœu, hélas! ne devait pas se réaliser de si
tôt, et le nouveau missionnaire montera, près de
dix ans, la garde aux abords de sa Mission avant
de pouvoir entrer dans la terre promise.

Mgr Ridel reçut avec une joie bien vive ce nouveau membre de sa petite famille apostolique, et,
dans une lettre du 18 mars 1876, il remercia la
Providence de ce secours inattendu qui devait lui
être précieux. Quelques mois plus tard, après
plusieurs tentatives infructueuses, il avait la
consolation d'introduire deux missionnaires,
les PP. Blanc et Deguette, sur le sol coréen privé
depuis dix ans d'apôtres. Le P. Coste, à l'automne
de la même année, alla prendre leur place en
Mandchourie, et passa l'hiver suivant à Notre-
Dame des Neiges, en compagnie du pieux évêque
et du P. Richard. Il arrivait bien à son heure.
Mgr Ridel était occupé à mettre la dernière main
au dictionnaire coréen-français composé par lui
et par ses missionnaires durant les loisirs forcés
de l'exil; il confia le travail de collation et le soin
de l'impression de cet important ouvrage à
M. Coste. Il ne pouvait faire un meilleur choix.
L'année 1877 se passa pour le P. Coste à la copie du
dictionnaire et à l'étude du coréen, dont la connaissance lui devenait indispensable pour mener
à bien l'entreprise. Dès que ses pièces furent
prêtes, il se disposa à quitter la Mandchourie
pour aller chercher au Japon les moyens matériels
de l'exécuter. Le village de Tcha-kéou ne possédait en effet rien de ce qu'il fallait pour imprimer
un volumineux ouvrage, à plus forte raison pour

fondre des caractères typographiques qui n'existaient pas.

On était au commencement de mars 1878. Deux voies s'offraient au P. Coste, celle d'Ing-tse où abordait une ligne de bateaux à vapeur faisant le service de Chang-hay, mais le fleuve était encore barré et le port bloqué par les glaces; celle du petit port de Tsouang-heu à une journée de Notre-Dame des Neiges, où l'on trouvait des barques de commerce et de pêche, et qui avait été jusqu'alors le point de départ de toutes les expéditions apostoliques pour la Corée. C'est cette dernière que choisit le P. Coste pour gagner du temps. Trois jours suffisaient ordinairement pour traverser le détroit jusqu'à Chefoo. A cause des vents contraires, le voyage dura près de trois semaines, pendant lesquelles il fallut faire connaissance avec la mer, et, faute de provisions, avec la pauvre tasse de millet des matelots chinois. Quand le Père arriva à Chefoo, le deuxième ou troisième steamer venant d'Ing-tse était en partance pour Chang-hay; il s'y embarqua et passa de là au Japon.

Ce pays avait, dès 1875, conclu un traité et entamé des relations avec le « royaume ermite. » Ses navires et ses marchands commençaient à y aborder, et on pressentait déjà que les missionnaires pourraient trouver bientôt de ce côté une voie de pénétration plus facile en Corée. Le P. Coste s'établit donc à Yokohama. Il se trouvait presque chez lui, à deux pas du bon Mgr Osouf, l'ami du cœur, sous le toit hospitalier du

P. Midon et à portée d'une imprimerie française.
C'était tout ce qu'il pouvait désirer. Il se mit de
suite à l'œuvre. Par ses soins, d'après ses dessins
et sous sa direction, furent créés les premiers
types de caractères mobiles en langue coréenne,
et c'est à lui en somme que revient l'honneur de
leur diffusion, puisque tous ceux en usage depuis
lors dans les imprimeries japonaises et autres,
ne sont guère que la reproduction du triple modèle qu'il adopta pour ses matrices. L'alphabet
coréen se composant de vingt-cinq lettres, il
sembla aisé à première vue de composer une
fonte de caractères complète ; mais il n'en va pas
ainsi pratiquement. Le coréen ne s'écrit pas par
lettres séparées, mais par groupes syllabiques
qui dans l'écriture paraissent former autant de
lettres distinctes, d'où il suit qu'une fonte entière
compte plus de 1,400 de ces groupes. Il y avait
donc autant de caractères à faire graver et à faire
fondre avant de songer à l'impression d'un livre,
et ce n'était pas une mince besogne. Le Dictionnaire coréen-français parut en 1880. La valeur
de cet ouvrage est connue, sa correction typo-
graphique est aussi parfaite que possible. L'année suivante, furent publiés la Grammaire
coréenne et un Manuel de prières en quatre vo-
lumes, à l'usage des chrétiens indigènes.

Cette tâche importante, ou, comme il le disait
lui-même en riant, cette série d'épreuves heureusement terminée, rien ne retenait plus le P. Coste
à Yokohama. A l'automne de 1881, Mgr Ridel
était en train de visiter le Japon pour nouer, si

possible, de ce côté des communications plus
faciles avec sa Mission toujours isolée. Nagasaki
lui parût être le point favorable à l'établissement
d'une sorte de procure au service de la Corée. Il
y appela le P. Coste qui accepta ce poste avec sa
bonne grâce ordinaire. Ce nouveau stage aux
portes de sa mission devait durer quatre ans ; il
en fit le sacrifice ; du reste l'accueil si aimable de
Mgr Petitjean et de tous ses missionnaires ne
contribua pas peu à lui en adoucir l'amertume.
A Nagasaki, le P. Coste reprit son métier d'imprimeur, et forma quelques chrétiens coréens à
ce genre de travail. Plusieurs ouvrages de religion furent publiés, et cet apostolat par le livre
qu'il exerça jusqu'à la fin de sa vie, consolait le
bon Père de ne pouvoir aller prêcher la parole de
vérité aux païens.

Cependant la Corée sortait peu à peu de son
isolement séculaire, et, si les barrières qui en
fermaient si strictement l'entrée aux missionnaires ne tombaient pas encore tout d'une pièce,
il s'y ouvrait avec le temps des brèches suffisantes
pour laisser passer, chaque année, un ou deux
prêtres catholiques. Enfin, à force de guetter
l'heure de la Providence, le P. Coste vit s'ouvrir
devant lui, à la fin de 1885, la porte de la terre
promise.

« Déguisé en laïque, raconte-t-il lui-même, je
m'embarquai sur un vapeur japonais qui, à la
faveur des traités de commerce, avait déjà transporté plusieurs Européens en Corée. Les com-

merçants trafiquaient et circulaient librement,
mais les missionnaires étaient toujours astreints
à l'incognito le plus absolu. Quand j'arrivai à
Séoul, il faisait encore jour ; je dus attendre que
le soleil se fût caché derrière l'horizon et profitai
du crépuscule et du calme de la nuit tombante
pour me glisser furtivement dans la résidence de
Mgr Blanc. Et encore là, dans nos pauvres maisons coréennes, que de précautions ne fallait-il
pas prendre pour éviter d'être découverts ! La
porte qui s'ouvrait, le porteur d'eau qui entrait,
c'en était assez pour jeter l'alarme ; vite on se
réfugiait dans le réduit qui nous servait de
chambre, afin de se soustraire aux regards com-
promettants. Le ministère des âmes s'exerçait
surtout la nuit, et si une extrême-onction à donner
nous obligeait à sortir pendant le jour, il fallait
s'abriter sous le costume de deuil : costume provi-
dentiel alors pour nous, puisqu'il a l'avantage de
voiler jusqu'au visage de la personne qui le porte
et de la rendre inabordable en signe de tristesse.
Notre réclusion commença à s'adoucir en 1886, et
en 1887, lorsque le traité français fut ratifié, nous
pûmes enfin respirer le grand air, et la soutane
fit sa première apparition dans les murs de la
capitale. Cette date marque la résurrection de
notre chère église de Corée, sortant peu à peu de
son tombeau, comme l'église de Rome sortait des
catacombes. »

A l'époque de son entrée en Corée, le P. Coste
avait déjà quarante-trois ans ; c'était un âge trop
avancé pour qu'il pût songer à exercer le minis-

tère en province; sa santé n'aurait pas résisté
au régime de privations qui était alors l'apanage
quotidien du missionnaire vivant, sans adoucis-
sement possible, de la vie purement indigène. Il
possédait, d'ailleurs, une somme de connaissances et d'aptitudes spéciales qui devaient rendre
sa présence à Séoul très utile, sinon nécessaire.
Mgr Blanc qui venait de succéder à Mgr Ridel,
mort en France, tint donc à le garder près de lui
pour profiter de ses services, et en fit son Provicaire dès 1886.

La conclusion du traité franco-coréen, en donnant aux missionnaires français le droit de pos-
séder, de bâtir et de résider à la capitale et dans
certains ports, ainsi que de voyager librement et
à découvert dans tout le pays, inaugurait pour la
religion catholique une ère nouvelle. Elle imposait aussi des devoirs nouveaux. Tant que l'église
de Corée avait été forcée par la persécution de
vivre dans l'ombre, il n'avait été question ni besoin
d'établissements communs qui eussent signalé et
compromis tout à la fois son existence; en prenant
place au soleil, elle ne pouvait plus se passer
d'un coin de terre pour s'abriter et de tous les
autres moyens matériels, indispensables au développement d'une société visible. Églises, oratoires,
résidences pour l'évêque et les missionnaires,
séminaires, procure, écoles, orphelinats, tout lui
manquait, mais tout lui devenait nécessaire et
était à créer en même temps. Sous la direction
des deux évêques dont il seconda toujours si fidè-
lement les vues et le zèle, le P. Coste fut pendant

dix ans, on peut le dire, la cheville ouvrière de toutes ces constructions importantes. Il installa d'abord l'imprimerie qui, dans cet intervalle, a pourvu la Mission d'une trentaine de livres de religion en langue indigène, dont quelques-uns avec éditions successives de plusieurs milliers d'exemplaires. Après l'achat de la propriété de Tyong-hen, arrachée pour ainsi dire de vive force au pouvoir ombrageux et défiant d'alors, il s'occupa activement d'aplanir l'emplacement de la nouvelle église de Séoul.

En 1887, une colline fut presque rasée pour élargir le plateau; en 1888, une chapelle provisoire construite et ouverte au culte; l'année d'après, la résidence épiscopale était presque terminée, et non loin de l'évêché, les Sœurs de Saint-Paul de Chartres étaient dotées d'un établissement assez vaste pour y loger un noviciat de religieuses indigènes et un orphelinat qui compta bientôt près de deux cents enfants. Le séminaire de Ryong-san sortait de terre en 1891, à une lieue de la capitale, et une gracieuse église, dédiée à saint Joseph, la première élevée en Corée, couronnait la hauteur de Yak-hyen, dans le faubourg populeux qui s'étend en dehors de la porte du Sud. Chemulpo possédait presque en même temps sa résidence pour le missionnaire, sans parler de la maison des Sœurs et de l'église presque achevée qui sont venues s'y ajouter depuis. Mgr Mutel, au printemps de 1892, avait la joie de pouvoir poser et bénir à Séoul la première pierre de sa cathédrale qui restera l'œuvre maîtresse du P. Coste. C'est un monument de style gothique, à trois nefs, en forme de croix latine, d'un goût sobre et pur. Long de 65 mètres, large de 20, il pourra contenir près de trois mille fidèles. Une élégante claire-voie décore la nef principale dans toute sa longueur. Lorsque la croix qui doit couronner la flèche du clocher, portera à plus de 40 mètres, dans les airs, le signe sacré de la Rédemption, on peut dire que cette église ne sera pas le moindre ornement de la capitale et donnera à toute cette population païenne une haute idée du Dieu des chrétiens. Pourquoi faut-il que le regretté défunt n'ait pas eu le temps d'achever ce bel ouvrage, où il avait mis tout son talent et tout son cœur?

Nous laissons là l'architecte, enlevé trop vite à son œuvre, pour suivre ses autres travaux. La mort de Mgr Blanc, décédé le 21 février 1890, mettait le P. Coste, en sa qualité de Provicaire, à la tête de la Mission jusqu'à l'élection d'un nouvel évêque. Le veuvage de l'église de Corée dura près d'un an, année de sacrifices pour le digne supérieur, car il ne cessa de soupirer après le jour où il serait délivré d'une charge dont s'effrayait sa modestie. Il aimait peu, d'ailleurs, l'exercice de l'autorité; on sentait qu'il avait plus de peine à commander qu'à se faire obéir. Une crainte, excessive peut-être, de responsabilité personnelle dont il ne se départit jamais, un peu par caractère, certainement aussi par délicatesse de conscience, le portait à se défier de ses lumières outre mesure et à trop s'appuyer

sur autrui. Mais ce défaut, si c'en était un, devenait presque une qualité dans une administration
provisoire, en lui faisant suivre avec une pru-
dente réserve la ligne de conduite tracée par le
Vicaire apostolique dont il continuait l'autorité,
et éviter les écarts d'initiative inopportune qui
sont l'écueil principal de toute gestion intéri-
maire.

Enfin, l'arrivée de Mgr Mutel, en mettant fin au
veuvage de l'église coréenne, vint décharger le
P. Coste « du fardeau de la responsabilité qui
causait sa préoccupation », et le rendre tout entier
à ses bâtisses et à son Œuvre de la Sainte-Enfance ; car, depuis l'entrée des Sœurs de Saint-
Paul de Chartres en Corée (1888), il avait été désigné pour leur servir d'aumônier. Les Sœurs
n'avaient pas seulement le soin d'un nombreux
orphelinat, elles trouvèrent vite à Séoul les éléments d'un noviciat prospère. Pour soutenir et
diriger ces âmes dans le chemin de la perfection,
pour réussir dans un ministère si élevé et souvent
délicat, le P. Coste avait toutes les qualités désirables : la maturité, la prudence, la piété, la discrétion; il avait surtout la sainteté. Il pouvait
prêcher toutes les vertus religieuses avec autant
de fruit que d'autorité, parce qu'il les pratiquait
lui-même à un degré éminent. On a retrouvé
après sa mort quelques brouillons de lettres,
trop rares, il est vrai, écrites par lui dans ces
dernières années, soit à des âmes affligées, soit
à des personnes entrées en religion. Ce peu
d'écrits suffit à montrer l'élévation de sa doctrine,

la beauté des sentiments dont son âme était péné-
trée. Son détachement absolu, son mépris des
choses de la terre, son union à Dieu, sa charité
y éclatent à chaque page. A une cousine qui
venait d'entrer chez les Bénédictines de Solesmes,
et qu'il félicite de cette vocation privilégiée, il
donne des conseils de la perfection la plus haute;
il lui peint le bonheur de l'immolation complète,
les douceurs de la vie contemplative, la soif du
sacrifice avec des couleurs si vraies et si vives
qu'on sent un cœur uniquement épris des biens
éternels, une âme qui déborde de joie d'être à
Dieu, et qui nage pour ainsi dire en pleines eaux
dans les pures régions de l'amour divin.

Le P. Coste puisait cette piété ardente et tendre
dans une prière assidue. Rien qu'à le voir dire
son bréviaire, réciter son chapelet, prier devant
le Saint-Sacrement, on se sentait soi-même plus
recueilli. Mais c'est dans la célébration du Saint-
Sacrifice que paraissait surtout sa ferveur. Des
laïques même en avaient été plus d'une fois frappés, et l'un d'eux, un Français, qui a laissé au
Japon une réputation de juriste distingué, expri-
mait l'opinion de tous, un jour qu'il disait, à la
table de Mgr Petitjean :

« — Quand je me trouvais le dimanche à Yokohama, j'aimais à entendre de préférence la messe
du P. Coste; elle ne me paraissait jamais trop
longue. »

Sous une forme discrète, c'est un éloge de
grand prix.

On ne peut dire que, sur la fin de sa vie, la piété

du cher P. Coste ait jeté un plus vif éclat. L'éclat,
il le fuyait par vertu, comme certaines plantes
délicates fuient par nature la trop grande lumière.
Le caractère spécial de sa piété a été, au contraire,
de paraître toujours peu, de rester constamment
la même, solide, soutenue, modeste, d'une parfaite égalité. Pourtant, depuis les noces d'argent
de sa prêtrise qui furent une fête pour toute la
Mission en 1893, il paraissait, le soir, prolonger
sa prière plus avant que de coutume. Il s'était
fait comme une règle de réciter chaque jour en
entier les quinze dizaines du Rosaire, voulant
sans doute montrer par là qu'il mettait cette nouvelle période de sa vie sacerdotale sous la protection spéciale de la Très Sainte Vierge, à laquelle il avait depuis l'enfance une dévotion toute
particulière.

Hélas! elle ne devait pas durer longtemps cette
vie si pleine, et contre toute attente, le bon Dieu
se préparait à couronner son serviteur. Rien
cependant n'annonçait chez lui une fin prochaine;
quoique toujours prêt à mourir, lui-même ne s'y
attendait pas sitôt. Dans une lettre datée du
13 février dernier, la dernière probablement qu'il
ait écrite, il annonçait ainsi à sa sœur l'envoi
d'une photographie longuement désirée :

« Tu auras peut-être de la peine à reconnaître
les traits d'autrefois. Pourtant, grâce à Dieu, ma
santé est toujours florissante. Malgré les ans, ma
tête chauve et ma barbe grisonnante, on prétend
que je ne vieillis pas. «

C'était vrai : depuis quelques années on lui trou-

vait même une mine réjouie, et les confrères lui pro-
mettaient volontiers encore vingt ans d'existence.
La régularité d'habitudes et le régime de vie exem-
plaire qu'il suivait étaient, il est vrai, pour beaucoup dans le maintien de sa santé. Grâce à ces
précautions, il était très rarement indisposé et
travaillait toujours, sans perdre un moment, gai,
alerte comme un jeune homme. La vue seule
avait baissé dans les derniers temps. A peine
remarquait-on une certaine lenteur d'esprit qui
lui demandait parfois un peu d'effort pour suivre
le fil d'une conversation, ou pour se mettre au
courant d'une affaire. Car on ne pourrait accuser
la vieillesse des accès de somnolence qui le sur-
prenaient quelquefois à table, le soir, surtout
pendant les longues veillées d'hiver. C'était un
péché de jeunesse qu'il confessait lui-même avec
candeur, sans grande contrition peut-être, surtout
sans espoir de conversion. Il y avait pourtant
quelque amendement depuis Singapore, où il
s'endormait, disent gaîment ses lettres, la cuillère
à la main. Au reste ce sommeil du juste, que les
typhons de Hong-kong n'ébranlaient pas autrefois, ne pouvait guère non plus troubler sa santé,
il en était même un bon signe.

Tout allait donc pour le mieux, lorsque, vers le
19 février, à la suite d'une petite promenade, il
ressentit quelques légers frissons de fièvre. Aux
approches du printemps, ce symptôme ne l'in-
quiéta pas tout d'abord. Il espérait qu'une bonne
sueur et une dose de quinine feraient tout disparaître. Le lendemain, il alla donc, comme de cou-

tume, dire la messe à l'orphelinat de la Sainte-
Enfance. C'était la dernière fois qu'il se trouvait,
sans le savoir, au milieu de sa petite famille
spirituelle. Ses chers orphelins qu'il avait presque
tous baptisés, qu'il entourait de soins depuis huit
ans, ne devaient plus revoir leur bon Père. Au
retour, il se sentit mal à l'aise ; le reste de la
journée, il eut froid. La nuit suivante fut agitée.
Il s'abstint le lendemain de célébrer la sainte
messe, se leva cependant à cinq heures suivant
l'ordinaire et, s'ennuyant dans sa chambre,
voulut encore descendre avec les confrères pour
le repas de midi. Mais il était à peine depuis cinq
minutes au réfectoire qu'il changea soudain de
couleur, et, sur le conseil de Monseigneur, effrayé
de cette pâleur subite, consentit à remonter dans
sa chambre. Il ne devait plus en sortir.

Le médecin appelé dans l'après-midi — c'était
le vendredi 21 — constata un peu de fièvre, mais
ne put se prononcer sur la nature du mal. Le
lendemain, tout annonçait une fièvre typhoïde. A
partir du dimanche, le docteur japonais visita le
Père deux fois par jour régulièrement et suivait
aussi attentivement que possible la marche de la
maladie. Pendant plusieurs jours, la fièvre suivait son cour normal et le peu d'élévation de la
température chez le malade faisait espérer avec
des soins et des précautions, une guérison presque
certaine. Illusion qui devait durer presque jusqu'à la fin ! Vers le sixième jour de la maladie,
l'effet de la fièvre se porta à la tête. Bientôt il n'y
eut plus que des applications de glace pour calmer

la douleur que le malade ressentait dans cette région et qui lui enlevait tout repos. La nuit du mercredi au jeudi fut mauvaise. Le jeudi matin, tous ceux qui approchaient du Père, particulièrement la Supérieure des Sœurs de l'Orphelinat qui ne quittait son chevet qu'aux heures de nuit, remarquèrent dans son état général un changement inquiétant. La tête semblait s'alourdir, la parole devenait moins sûre, le malade se plaignait lui-même de ne pouvoir suivre ni lier ses idées. Monseigneur prévint par lettre les confrères de Yak-yen et de Ryong-san que le danger, sans être imminent, était assez sérieux pour conseiller de ne pas remettre à plus tard l'administration des sacrements. Après-midi, le Père fut donc averti de son état : il était loin d'en supposer la gravité. Avec la docilité d'un enfant, il prépara sa dernière confession, et malgré une certaine difficulté de parole qui lui rendit long et même pénible l'accomplissement de ce devoir, il put se confesser avec une lucidité d'esprit complète. Pour lui donner l'extrême-onction, Monseigneur attendit l'arrivée du P. Doucet. Le malade le reconnut encore; quand tout fut prêt :

— N'est-ce pas que vous désirez recevoir sans plus tarder l'extrême-onction? lui dit Sa Grandeur.

Le malade fit des signes d'assentiment. La cérémonie commença. Il paraissait se rendre compte de ce qui se passait et s'unir d'intention aux prières de l'Église. Mais dès que Monseigneur arriva à la première onction, le pauvre Père avait perdu

mémoire de tout. Quand il vit la main de l'Evêque
se poser sur les paupières pour y,tracer le signe
de la croix avec l'huile sainte, alors il y eut dans
tout son être comme une secousse de peur et un
sursaut d'étonnement : l'état d'un homme qui
sort d'un rêve pénible et cherche à reprendre
conscience de lui-même. Il se tourna brusquement sur le côté droit, se mit presque sur son
séant, la tête appuyée sur la main, et jeta un
regard anxieux sur l'assistance. Ce regard dut
être un éclair, une révélation complète. Le visage
s'empourpra soudain, les yeux s'emplirent de
larmes. C'était certainement pour le pauvre Père
l'heure, le moment du sacrifice, moment cruel
pour la nature. A ce juste dont la vie avait été
toute à Dieu, Dieu sans doute voulait laisser le
dernier mérite d'en sentir vivement la perte, d'en
mesurer pleinement l'offrande, d'en accepter
librement l'entier abandon. Ce qui fut fait. Après
la minute d'angoisse, le calme revint, le malade,
levant les yeux vers une patrie nouvelle, reposa
doucement son corps sur sa couche, et, avec une
expression de foi et de prière profondes, se prêta,
en s'y associant, aux dernières cérémonies de
l'extrême-onction.

Rien ne le retenait plus sur la terre. A partir de
ce moment, la mort activa son œuvre. Le pauvre
Père, les yeux fermés, la poitrine haletante, les
lèvres brûlées par l'ardeur de la fièvre, gisait
muet, comme une masse inerte. On distinguait
parfois, non sans peine, à travers le sifflement de
l'air qui sortait péniblement de sa gorge embar-

rassée, les saints noms de Jésus et de Marie qu'il ne pouvait réussir à articuler, mais qui prouvaient encore avec un reste de connaissance, les aspirations de son âme vers Dieu. Nous récitâmes les prières des agonisants, pensant que tout espoir de le sauver était perdu. Mais l'agonie devait se prolonger encore vingt-quatre heures, pendant lesquelles même immobilité, même oppression, même râle.

Enfin le vendredi soir, après quelques pauses de respiration qui annonçaient le dernier souffle, le visage du moribond s'étira convulsivement, comme sous l'excès de la douleur, dans une longue crispation nerveuse; puis les traits reprirent leur calme naturel. Le Père était entré dans l'éternel repos. Il était 5 heures 45 du soir, vendredi 28 février.

Dès que le corps fut revêtu des ornements sacerdotaux, les chrétiens affluèrent pour prier autour de son lit funèbre. Pour satisfaire leur piété, le défunt fut transporté de bonne heure le lendemain dans une pièce séparée, à la portée de tous, et disposée en chapelle ardente. Les femmes pendant le jour, les hommes pendant la nuit, ne cessèrent de psalmodier devant ses restes jusqu'à l'heure des funérailles, l'office des défunts.

Le dimanche 1er mars à 11 heures du matin, Mgr Mutel tint en personne à célébrer la messe d'enterrement. Les représentants des diverses puissances : Amérique, Allemagne, Angleterre, Russie, Japon, sans compter la France, ainsi que plusieurs autres résidents étrangers, s'étaient tous fait un pieux devoir de témoigner par leur présence, dans cette circonstance douloureuse, leur sympathie pour la mission catholique et leur respect pour le défunt. L'affluence des chrétiens, massés aux abords de la chapelle provisoire trop petite pour contenir cette foule, leur tristesse contenue, leur recueillement, la récitation des Litanies des Morts dont les invocations répétées par toute l'assistance tombaient comme autant de larmes sur le cercueil d'un Père, tout semblait concourir, malgré l'exiguité du local, à donner à cette cérémonie funèbre un cachet d'émotion et de piété indéfinissables. Plusieurs ministres et consuls, même non catholiques, furent remués, paraît-il, par ce spectacle.

Après la messe et l'absoute, le convoi funèbre, croix en tête, traversa la ville devant une foule étonnée et respectueuse. Près de cinq cents chrétiens, rien que des hommes, priant à haute voix, en chœur, suivaient le cercueil. Il fallut près de deux heures de trajet pour arriver au cimetière de la Mission, qui occupe la colline de Sam-ho-tjyang, située à quelques minutes du séminaire de Ryong-san. C'est là, en compagnie de plusieurs missionnaires qu'il avait tous accompagnés au champ du repos, que le P. Coste dort son dernier sommeil en attendant la Résurrection bienheureuse.

FIN

TABLE

— Lille. Typ. A. Taffin-Lefort. 1898. —

www.ingramcontent.com/pod-product-compliance
Lightning Source LLC
Chambersburg PA
CBHW052057090426
42739CB00010B/2212